公益社団法人
日本フィランソロピー協会

共感革命

フィランソロピーは進化する

中央公論事業出版

共感革命

フィランソロピーは進化する

三十周年記念冊子の刊行にあたって

公益社団法人日本フィランソロピー協会
理事長　髙橋　陽子

二〇二一年三月で、当協会がフィランソロピー推進を始めて丸三十年がたちました。ミッションは、「健全な民主主義社会の創造」です。明治以降の中央集権による過度な行政依存から脱却し、一人ひとりが社会のかけがえのない存在としてお互いを大切にしながら、自分のできることで社会の課題解決、新たな社会創造のために貢献することが、健全な民主主義社会を創るための基盤である、と位置付けてスタートしました。

三十年経ち、自然環境はますます劣化の一途をたどる中、さらにコロナ禍で様々な問題が噴出、顕在化し、これからの新たな社会づくりのキーワードは「共感」であると実感しています。そしてこの機に、共感を醸成する要因を、多様な視点から紐解いていこうと思いました。共感については、様々な解釈や説がありますが、本書では、「人の喜びや痛みを、ありのままに受け止め、感じること」と定義しております。

もう一つ、「フィランソロピー」の意味についても、はじめにご理解いただきたいと思います。

フィランソロピーとは？

フィランソロピー（philanthropy）という言葉を、歴史的な流れからみますと、ギリシャ語のフィリア（愛）とアンソロポス（人類）の合成語で、博愛、人間愛という意味が語源です。それがアメリカで広がったのですが、当初は、富裕層の寄付行動を指す言葉として用いられていました。フィランソロピストとは、当時はロックフェラーなどのお金持ちの個人を指していました。それが、社会貢献一般に広がって今日に至っています。

日本では、フィランソロピーを企業の社会貢献、というように理解されているのは、企業フィランソロピーが最初に普及したからです。しかし、本来は、フィランソロピーの主体は個人です。日本人には、人間愛といいますと、少し抵抗がありますので、人間としての共感をベースにした人への思いやり、という意味と捉えるのが自然かもしれません。ただ、慈善は、憐れみを持って施す、という意味ですが、フィランソロピーは、行動の原点としての思いは慈善と似ているものの、活動を指すだけではなく、社会課題の根本的な解決を目指す、という意味を含んでいます。

日本の企業フィランソロピーの歴史

日本の企業フィランソロピーの歴史を顧みますと、一九八五年のプラザ合意が大きな契機でした。円高ドル安に移行し、その後、アメリカを中心に海外に拠点を開き、グローバルに事業展開する企業が増えました。そこで、アメリカのボランタリズム、企業市民という概念の洗礼を受けることになりました。企業も、一市民として、様々な社会貢献活動を期待されていること、そして、そのベースには、個人が、市民としての責任を果たすために、企業での立場を離れて主体的に寄付やボランティア活動をすることが文化として根付いていることを学びました。

一九九〇年には、企業は事業だけではなく、文化・芸術支援もするべきだと「企業メセナ協議会」が設立され、経団連では、経常利益の1%は寄付に回そう、と「1%（ワンパーセント）クラブ」を設立。大阪では、大阪商工会議所の協力を得て、小さな基金を集めたマンション型財団「大阪コミュニティ財団」の設立が決まりました。そこで、この一九九〇年は「フィランソロピー元年」と言われています。

これらの企業フィランソロピー活動は、いずれも大企業が中心になって、少しずつ広がってきました。しかし、それまでの対応型の活動では、経済のグローバル化が拍車をかけている地球環境の劣化や、少子高齢化などによる社会構造の変化、行き過ぎた経済偏重による経済格差の拡大などの進行するスピードに追い付けず、二〇一五年に国連で採択されたＳＤＧｓ（Sustainable

Development Goals）の下に、ＥＳＧ（Ecology Social Governance）投資への関心も徐々に高まり、企業全体として本格的に動き始めた、というのが現状です。

他者との共感と個の確立

この三十年を振り返ってみますと、一九九〇年代前半は、企業訪問をして、「社会貢献」ということを話しても伝わらず、「わが社は本業を通じ、いい製品を作り、雇用し、納税しており、それ自体が社会貢献です。以上！」「偉いですね、頑張ってください。以上！」のような反応で、四苦八苦していました。しかし、最近は、「社会貢献」が当たり前のものとして語られるようになり、個人の意識も変わり始めていることを実感します。

産業革命以降、急激に活発化した経済活動により、地球の持続可能性がいよいよ危ぶまれています。一九六二年にレイチェル・カーソンの『沈黙の春』が出版されて約六十年、ローマクラブが一九七二年に「成長の限界」を発表して約五十年が経過し、自然環境の劣化を肌身で実感できるようになった昨今、さらに、長引くコロナ禍で、「経済といのち」のはざまで、国も人も揺れ動いています。そして、単純な正義論も通用しません。だからこそ、今、真のリーダーシップが問われていますが、一人ひとりが、立場や境遇を離れて、人間としての共感をベースに判断し、行動する、自分自身のあり方を牽引するリーダーシップも、同時に問われています。そして、自分と違う考えの人たちを認めること、その間で対話を続けること、さらに、よりよい道を探り続けることが必要です。
現代は、不寛容な時代と言われますが、その象徴が虐待です。家庭内で、さらには社会でも、身体的、精神的虐待、差別による社会的虐待も行われています。それにより、困難を抱える人は多いですが、このことから目をそらさず、そして、私たち大人の生きざまを子どもたちに示しつつ、何よりも次世代を担う子どもたちに、希望を持てる社会を手渡したいと思います。

前述のように、フィランソロピーは、個人の思いと志から始まり、個人の幸せに帰結するものだという思いは変わらずに持ち続けてきましたが、個人フィランソロピーは、なかなか手ごわく、利他心の大切さを訴えるといっても、人間は利他心と利己心の両方を持っているわけで、むしろ、それも含めて多様な側面から人間を捉えて考える必要があるのでは、と思い至っております。フィランソロピーを基軸に、人間と自然、人間と社会、人間とテクノロジーなど、人間を少し俯瞰して考えてみたいと思いました。

これまで、機関誌のインタビューやセミナーの講師をお願いして、お会いさせていただいた多彩な方々から多様な視点での「フィランソロピー」を学ばせていただいたことを、改めて思い起こしてみますと、このことは、実は人間としてのあり方、生き方を考えるヒントであると同時に、愛情を基軸にした人間洞察、人間へのエールそのものであったように思います。そして、三十年を機に、それぞれの境遇や立場を超えて、一人の人間としてどうあるべきか、を問う作業をしてみたいと思いました。このことが、実は、リベラルアーツの本質ではないか、と思っております。そして、本書では、多彩な方々へのインタビューを通して、フィランソロピーのあり様を探ろうという試みをしました。

フィランソロピーそのものから少し離れて、人間としての共感、人間の果たす利他行動の真実に少しでも迫れないか、と考えました。

新型コロナウイルス（COVID-19）禍を契機に、世代を超えて、立場を超えて、自然への畏敬を再確認し、人間としての共感を軸に、次世代によりよい社会を手渡す責任と喜びを考えることが、実は、今を生きる自分たちの幸せへの希求そのものではないか、と、漠と考えております。


本書は、様々な分野の専門家の皆様へのインタビューを中心に構成いたしました。また、当協会が二十年間主宰しておりました、寄付をした人を顕彰する事業「まちかどのフィランソロピスト賞」の受賞者の方にも登場いただきました。さらに、フィランソロピー研究・推進に関わる方々の知見をいただき、フィランソロピーを歴史的に、文化的にひも解いてみました。社会は、リーダー層の人々や職業として専門的に関わっている人が牽引していること、それと同時に、市政の人たちの人間としての共感をベースにした誠実で志高い行動が支えていることを、三十年の事業推進の中で、強く感じ入っております。

そしていま、東日本大震災から10年目、新型コロナ禍の最中にある二〇二一年です。産業革命以降、私たちは技術革新による便益を享受し、劇的な発展を遂げてきました。しかし、それによる負の側面を軽視してきたのだと思います。これからは、属性を超えた人間としての共感をベースに、社会変革・社会創造をしなければ、地球も人類も滅びることが現実味を帯びてきました。

人と自然、人と人、そして、現在と未来が希望をもって繋がるために、共感を基軸にした社会創りをしよう、という思いを込めて、本書のタイトルを、『共感革命』と名付けました。

これまで、支え、応援していただいた皆様への敬意と感謝を申し上げます。本書が、ともに幸せになるための、一つの道しるべになれば幸いです。

二〇二一年三月吉日

目次――共感革命　フィランソロピーは進化する

第二部　フィランソロピーがたどってきた道

第三部　社会に拡がるフィランソロピー

※肩書はインタビュー当時。

第一部

リベラルアーツとしての
フィランソロピー

〟野生の五感〟を取りもどす

生物進化に学び、人間社会の未来を考える

京都大学総長　山極寿一氏

人間は、なぜ〟奇妙な社会〟を作ったのか
複数の家族を温存した共同体

――山極先生は、霊長類の研究を通じて、長年、人間社会を見てこられたのですね。

山極寿一さん（以下、敬称略）　私は、どうして人間が他の霊長類とは違う〟奇妙な社会〟を作ったのかを、霊長類の進化にさかのぼって調べたいと思い、ゴリラやチンパンジー、サルの研究をしてきました。

――〝奇妙な社会〟とは……？

山極　霊長類の歴史の中で、人間は、ゴリラと九百万年前に、チンパンジーとは七百万年前に分岐したとされています。人間とゴリラ、チンパンジーはとても近い関係にあります。ところが社会の構造を比較してみると、随分と違う。

ゴリラは10頭前後の「家族」的な小集団、チンパンジーは「コミュニティ（共同体）」のような大きな群れの集団しか作れません。それは、見返りを求めない「家族」と、見返りを求めあう「コミュニティ（共同体）」とでは、そもそも維持される原理が違うからです。

他の霊長類と違って、人間だけが、矛盾する原理を孕んだ奇妙な社会、つまり、「複数の家族を温存したコミュニティ（共同体）」のような二重構造の社会を作ったのです。

—そこにはどんな理由があったのでしょうか。

山極　家族的な小集団のゴリラも大きな群れで生活するチンパンジーも、社会原理は違っても、集団を維持するためには身体的な繋がりが不可欠です。いつも仲間の姿や気配がわかる距離にいて、そこから離れてしまうと、関係が断ち切られてしまいます。

ところが、人間は、数日〜数カ月集団を離れても、また元の集団に戻れる。噂話をしたり、その人を示すもの、茶碗があったり服がかかっていたりすることで、その人がいるかのような感覚を持ち続けられる。

人間が「家族」と「コミュニティ（共同体）」という矛盾する二つの原理を両立できるようになったのは、身体の繋がりを超える「共感力」というコミュニケーション能力を育て、他人との繋がりを拡張し、仲間の事情や気持ちを理解して問題を解決することができるようになったからです。

そこが人間と他の霊長類との大きな違いです。

—人間だけが、なぜ「共感力」というコミュニケーション能力を高める必要があったのでしょうか。

山極　およそ数百万年前に、アフリカの熱帯雨林が後退しサバンナ（熱帯草原）が拡大する環境変化の中で、ゴリラやチンパンジーが熱帯雨林にとどまったのに対して、熱帯雨林で樹上生活をしていた人類の祖先は、食物が少なく肉食獣の危険が多いサバンナへ出て暮らし始めました。新しい環境の中で生存していくため、人間はみんなで役割分担し、危険な草原で遠くまで食物を探しに行って、安全な場所で仲間と分け合って食べることを始めました。

樹木の少ない草原では、安全な場所は限られています。幼児が肉食獣に捕食され、絶滅の危機に瀕したために、人類は子どもをたくさん作るようになりました。こうして「食事」と「子育て」に大きな変化が起こり、それらが「共感力」をさらに発展させてきました。

生物進化の過程で、弱みを強みに変えるため、「食事」と「子育て」を変革し、「共感力」を育て、共同体のチームワークを高めていった

――「食事」と「子育て」の変革は、同時に進行したのですか。

山極　「食事」が最初です。サバンナに出ていった人間は、サルより胃腸が弱く、一人では食物をとれないし、ひ弱な身体ではライオンやハイエナなどの肉食獣には敵いません。そのために、強力な社会力を作る必要がありました。それが食事です。

二足歩行だと、手で食物を持って、隠れている仲間のもとへ運ぶことができます。食事を社会的な行為にしたことで、仲間を信じて、食物を共有し、一緒に食べるという集団的な社会生活が始まりました。こうして、待つ方は遠くで仲間が何をしているのか、食物を運ぶ方は仲間が何を期待しているのかと、いつも考えるようになった。食事を接着剤にして、共感したり想像したりする仕組みができあがっていきました。

―もう一つは「子育て」ですね。

山極　人間が森林の外に出ると、大型の肉食獣が襲ってきます。特に子どもが狙われる。死亡率があがり子孫を増やすため、人間は、類人猿に比べると圧倒的に多産になりました。類人猿だと、大人まで生き延びる子孫は2頭ほどですが、人間は、可能性としては、一人のお母さんから10人以上もの子どもが生まれます。昔の日本も実際にそうでしたね。

でも、成長は遅い。一般的に、多産性の哺乳類の子どもの成長は早く、例えばイノシシは二歳で大人になりますが、人間が大人になるのは十八歳くらい。脳が大きくなり、脳にエネルギーを送り込むために、身体の成長が遅れたからです。成長の遅い子どもをたくさん抱えることになったことが、人間が家族を作った理由です。

—すべて、合理的な理由があるのですね！

山極　そうです。なかでも、人間の子どもには、非常に危険な時期が二つあります。

一つが二歳～六歳くらいまでの四年間。本来は六歳くらいまでお乳を飲んでいていいはずなのに、離乳してから永久歯が生えるまで、乳歯のままお乳以外のものを食べないといけない。しかも、自分では食物がとれず、いろいろな人から与えられないといけない。だから食物を介して、いろいろな人と繋がり、言葉をしゃべるようになり、五感で世界を解釈するようになった。

最初は、舌で世界を舐めまわす。そしてハイハイをしながら手で世界を触る。だんだん言葉を理解するようになると視覚・聴覚・嗅覚などの五感を使って、周囲のものを自分なりに解釈する。その時期が離乳期で、人間にとって一番弱い時期です。

—この危険な時期には、家族以外にも、いろいろな大人が子どもに関わることが大事なんですね。

山極　その通りです。この時期にはケアが必要で、「自分はこの世界に受け入れられている」という感覚が、子どもを成長させていきます。

——もう一つのやっかいな時期が思春期ですか。

山極　脳の成長が完成する一二歳〜一六歳にかけては、「思春期スパート」といって、脳にそれほどエネルギーを送る必要がなくなり、身体の成長がアップして、心身の成長のバランスが崩れてしまう。

　男女で違っていて、女の子は初潮がきますが、妊娠はできず、二〜三年は思春期不妊という状況になります。男の子は睾丸が発達して精子を作る能力が発達するけれど、身体は子どものままで「もやしっ子」。なぜかというと、人間社会でも男同士の競合が厳しいので、すぐに大人の身体になると、喧嘩に巻き込まれて傷ついてしまう可能性がある。だから男の能力は持っているけれど男の身体にならず、自分で社会を調整できるような知能を持つために、その間に社会勉強をさせる。

——うまいこと、できているものですね！

山極　それが進化というものです。人間は、文明を持つ前に、このような子どもの成長の仕方をセットしました。頭でっかちの、成長の遅い子どもをたくさん抱え、母親とパートナーの夫だけでは育てることが難しいので、みんなで育てましょうと。

その結果、「共感力」が高まりました。自分と相手の能力・知識の違いを的確に判断し、相手のために、自分が何をしなければいけないかを感じる能力です。サルには、相手と自分の能力の違いがわかりません。自分ができることは、子どもでもできると思っていて、子どもをお腹につけたまま泳いで、溺死させることがあります。

——そうなんですか！　共感力が想像力を生んだのですね。

山極　類人猿以上になると、子どもの能力と大人の能力の違いがわかります。人間は、それをさらに高めて、食事を一緒にして、仲間がやっていることを想像し、仲間の頭の中を想像することができるようになりました。自分と能力の違う子どもを一緒に育てることで、その能力の差を埋めて、子どものやりたいと思っていることを、みんなで理解できるようになりました。

共感力が想像力を生み、共同体のチームワークを可能にした。それが「家族」と「共同体」という人間社会の基本的な形を作った背景です。その結果、高い共感性を持って、社会を営むことができるようになったわけです。

——共感力が高まったのは、やはり言葉が影響したのでしょうか。

山極　いいえ、それは、人間が言葉を発明するずっと以前からです。
　人間がチンパンジーとの共通祖先からわかれたのは、七百万年前。そこから食べるものが変わり、調理に道具や火を使うようになり、狩猟採集生活が高度化しました。二百万年前には脳が大きくなり始めて、子どもの成長が遅れ、頭でっかちの子どもができるようになり、家族と共同体の二重性が備わっていきました。
　初めて、人間がアフリカ大陸を出るのは一八〇万年前です。そのときに、この社会力がなければ、熱帯雨林を出て、広大なサバンナ（草原地帯）を抜けて、ヨーロッパやアジアへと出ていけなかったと思います。

──言葉のない時代に支えあいながら、未知の世界へ歩きだした人間の祖先たち！　胸がジーンとします。

山極　現代人のホモ・サピエンスが言葉を得たのは七万年前ですから、ずっと後の時代です。その言葉を武器にして、五万年前にヨーロッパやアジアへと拡がりました。
　言葉には、見えないものを見せたり、過去のものを現在に持ってきたり、未来のことを想像したり……時間と空間を超える力があります。人間は、言葉というツールを使ってさらに「共感力」に磨きをかけていったのです。

言葉は、人間の社会力を拡大するために役立ったけれど、原形は、言葉の登場以前にできていました。

人間が作った重層的な社会構造には、文化的な要因よりは生物学的な要因が大きく関与してきたと考えています。

霊長類から受け継いだ「五感」で繋がることが、〝人間の社会力の原点〟である

―五感のような生物学的な要因によって社会が作られていくということですね。

山極　動物は、視覚、聴覚、嗅覚、味覚、触覚の「五感」を持っており、強さの順番が決まっています。

犬は人間の1000倍の嗅覚を持っていますが、色彩は認知できません。匂いからいろいろなものを判断しています。だから哺乳類は、鼻面を地面につけて歩くために四足歩行になります。

もともと木の上にいたサルは、視覚と聴覚を発達させ、鳥と同じ世界で進化しました。それを受

け継いだ人間は、サルや類人猿と同じ五感の順番で世界を解釈し、仲間と共有しています。視覚が一番、次が聴覚です。「同じものを見ている、同じ音が聞こえる」のは共有しやすい。嗅覚は難しいですね。「変な臭いがするね、どこからその臭いがするんだろう」と、臭いの元を見て初めて確かめ合うことができます。味覚や触覚も同じで、「おいしいね」とか「ざらざらしてるよね」と言っても、相手と100%共有することは難しいですね。

人間の「五感」の中で、優位だった視覚と聴覚は、言葉を使って時間と空間を超えることで、格段にコミュニケーションの内容が拡大されるようになりました。それを加速したのが科学技術です。でも視覚・聴覚は騙されやすい。もともと言葉というのはバーチャルなモノです。我々は、物語を作るということを、言葉によって加速した。ところが、現実と密着していた物語が、言葉をしゃべり出すことによって、現実からどんどん遊離し始めた。バーチャル空間とフィジカル空間(=現実空間)が合体して、どんどんバーチャルな方に引き寄せられています。

—人類はアフリカから出て進化を続けてきたのに、現在を見ると、肝心の原点が遊離してしまったような印象を受けます。

山極　人間はサバンナの中で、弱みを強みに変えました。一人でできないことを、仲間と一緒にやることによってできるようにする。より多くの人と繋がれば、より大きなことができる。こうして

人間は「複数の家族を温存したコミュニティ（共同体）」を形成して社会力を高めていったのです。

そのとき面白いことに、人と人とを結びつけていたのは、視覚や聴覚ではなく、そのほかの嗅覚、味覚、触覚だったのです。人間は「共感力」を使って築いた信頼関係しか紡ぐことができません。視覚や聴覚は情報を伝えることができますが、信頼を伝えることはほかの三つの感覚よりも力が弱いのです。

類人猿から受け継いだ五感で他者と繋がることが、人間の社会力の原点。触覚、嗅覚、味覚という共有が難しい感覚が、信頼関係を築く上で最も大事なものなのです。

しかし現代では、だんだんと人を頼らずに済むようになりました。バーチャルなものや高度なコミュニケーション技術に頼って、人と人とが直接手をくださなくなってきたと思います。

——一見効率的だけど、個の力が弱まって、危険な流れですよね。

山極　効率を目指すほど、個人が同じようなものとして扱われます。情報通信機器というのは、本質的にそういうものです。品質が保証されていて、同じ機能を持っていることが期待されている。その結果、人間も個性を失ってきました。

——個性を失うと同時に、「自己実現」に捕らわれすぎていると思います。「自己実現」ありきになると、どうしても自己中心的になり、人との共感は消えてしまうのではと、気になっています。

山極　私は、現代の社会が共感ではなく、優劣のルールに頼るサル的な社会になりつつあると感じています。自分の利益を高めてくれる人と集団を作りましょう、という流れになっています。互いの優劣に基づいてトラブルを解決するほうが効率的ですから。ルールさえ守っていれば、何をやってもいい。しかし、自分と利益をともにする人を集め、利益をともにしない人を排除すると、共感は邪魔で、非常に閉鎖的な社会が生まれてしまう。

しかし私は、本来、人間とはそれぞれが違って、違う人同士が社会を作っているからこそ、社会力があがるのだと考えています。

〝人間の幸福〟とは何か。それは、他者との間に生まれるもので、自分一人で感じられるものではない

――閉鎖的な社会の流れに、息苦しさを感じている人もいるのではないでしょうか。

山極　そこで、見直されているのが人間の幸福とは何かです。資本主義は全体のパイ（資金・エネルギー・可能性）を大きくして、個々人の欲求を最大限に実現しようという思想ですが、いくら自分の欲求を実現してみても、幸福は実現しないことがわかってきた。

幸福とは、他人との間に生まれるもので、自分一人で感じられるものではなく、他人との関係の中で自分が定義され、幸福を感じるのです。

――私たちの考える「利他」の原理が、そこにあるような気がします。仲間に支持されたい気持ちが根本にあるから、人間は、他者との繋がりに安心感や幸福感を感じるのですね。

山極　確かに科学技術を通じて、多くの人と繋がれるようになった。それはいいことですが、当初は、原点の身体的な繋がりが、まだどこかに渦巻いていたからこそ、手を伸ばせたんです。しかし、中心の核がなくなり、バーチャルな空間のみで繋がっていたら、他者に囲まれて生きているという安定感は、なくなってしまいます。

いま「安全・安心」の社会といわれますが、科学技術が保証できるのは「安全」だけ。「安心」とは、人が与えてくれるもので、決して技術によって得られるものではありません。

―つまり人間の安全保障とは、気遣いを感じる、安心な社会を作るということですね。最後に、身体性や共感能力を日常に織り込んでいくために、どんなことが大切でしょうか。

山極　ネットワーク社会になって、よくなったところもあります。例えば、中心ができないから「しがらみ」がないので、ある集団を作っても、参加しやすく抜けやすい。それをうまく利用すればいい。

しかし、幸福とは何かと考えたら、例えば、自然の中を歩いたり、スポーツをしたり、ボランティアをやったりして、身体と身体を繋ぎあわせながら、生きているという感覚を共有すること。そういう時間を持つことで、人間の幸福感、人と繋がっているという感じを保てると思います。

資本主義社会により、所有物で自分の価値を決めることに慣れましたが、これからは、シェアの世界だと思います。未来社会は、シェアハウスを作り渡り歩くことで、都会の人口が地方に分散する。自然の豊かなところで共同して子どもを育て、ネットを繋いで仕事ができ、時々都心に出かけてビジネスなどをする。大事なことは、人と人の繋がりは、身体的な繋がりだということです。

―進化の過程で、社会性を「強み」に生きてきた私たちは、それが身体の中に埋め込まれており、人との繋がりを失うことは、安心と幸福感を失っていくということですね。当協会も、五感を使って繋がり、相手を思いやることが、実は自分の幸せになるのだ、ということを伝えていきたいと思います。

本日はありがとうございました。

山極 寿一（やまぎわ・じゅいち）

(Profile)

1952年東京都生まれ。霊長類学者・人類学者。
京都大学理学部卒、同大学院理学研究科修士課程修了、同大学院理学研究科博士後期課程研究指導認定、退学。京都大学理学博士。
公益財団法人日本モンキーセンター・リサーチフェロー、京都大学霊長類研究所助手、同大学院理学研究科助教授、教授、理学部長を経て、第26代京都大学総長（2014～20年）。

〝生きものたちの物語〟に耳をかたむけよう

三十八億年の歴史をたどり、生きものらしさとは何かを探求

JT生命誌研究館
名誉館長
中村 桂子 氏

「生命誌」の世界観で、〝生きものの本質は何か〟を考えると……

―中村さんは、ご専門でもあるゲノム研究を通して三十八億年も続く生命の歴史をたどり、生きものの豊かな関係性を解き明かし、ヒトを自然の一部としてみる生命論的世界観を提唱され、「生命誌」という新たな知の分野を切り拓かれました。非常にユニークな研究ですね。

中村桂子さん（以下、敬称略） 生命誌ということを考え始めてから三十年くらい経ちますが、研究

を通して言いたかったことは、とてもシンプルなんです。地球上に暮らす約5千万種といわれる生きものは、三十八億年あまり前に生まれた細胞を祖先としています。生きものはすべて同じDNAを持っていて、その多様性は組み合わせ（ゲノム）の違いによって表されます。つまり人間もほかの生きものと同じ仲間で、自然の中の一部だということです。

――人間は何か他の生きものより抜きんでた、特別な存在だと思いがちですが、そうではないのですね。

中村　ヒトを生きものとして考えるとき、機械との違いを比較しながら考えると、わかりやすいです。

これまで私たちはなぜ機械を一所懸命に作ってきたのかというと、生活を便利にしたいからですね。確かに、便利はとてもありがたいことです。ご飯を炊くにしても、ちょっと前まではかまどに薪をくべて炊いていました。それがいまは炊飯器のボタンをポンと押せば、おいしいご飯ができあがる。こんなに嬉しいことはありません。便利に暮らせる世の中が実現できたから、女性が外で活躍することも可能になってきたのです。

また車や電車のような機械もありがたいです。新幹線に乗ると、東京から大阪まであっという間に到着。時間の短縮により、行動半径も拡がって密度の濃い生活ができるわけです。文明がもたらす利便性は、どんどん活用してかまわないと思います。

でも、ここで一つ、機械と生きものの根本的な違いを考えていただきたいと思います。掃除機も洗濯機も、手間を省くための機械です。人間のかわりに短時間で仕上げてくれて、生活の手間を省いてくれます。自動車なら、あそこの工場は三日で作るし、うちの工場では一日でできる、などと速さを競えます。

ところが、生きものは決してそうはいきません。赤ちゃんがオギャーと生まれたら、一歳、二歳とじっくり時間をかけて育ちます。一歳までの一年間が大事。二歳になったら、またその一年間が大事。生きているとはそういうことなので、急いで育てることはできないし、意味がないのです。このように、生きものの特徴の一つは手間がかかること。赤ちゃんを育てるのは大変ですし、お花を育てるのも手がかかります。


――確かに手間がかかりますが、そこが楽しみというところもありますね。

中村　そうなんですね。赤ちゃんが手間暇かけずに勝手に育ってしまったら、つまらないですね。

赤ちゃんは見ていたらかわいくて、泣いたら抱いてあげたくなって、その関係性がとても大事ですし、むしろ生きる喜びがそこにあります。お花を育てるのも同じですね。放っておいて、パッと咲いたら「あら、きれいね」で終わるけれど、手間暇かけるからこそ、咲いたときの喜びが大きいのです。

まさに、生きものは、プロセスや対象との関係性に価値があります。それが生きるということの本質だと考えています。

―生きものと機械とは、対極にあるのですね。

中村　生きものと機械には、もう一つ大きな違いがあります。機械は決して思いがけないことをやってはいけません。自動車に乗っていて、ブレーキを踏んだのに走り続けたら、絶対にだめですね。人間に指示された通りに動くのが機械です。

一方、生きものは違います。一所懸命に世話をした花が枯れてしまうこともあります。こんな子どもになって欲しいと思って子育てをしても、思い通りにはなかなか育ってくれない。でも、子どもは、ときどき、思いがけないことをしてくれる。そこに面白さがあって意味がある。喜びもたくさんあります。生きものと機械とはまったく違うのです。

―確かに、一番思い通りにならないのは自分の子どもです（笑）。

中村　ですから、日常生活の中で、便利な機械をどんどん使ってもいいですが、生きものが機械になってはだめです。子どもを育てるとき、あまり「早く、早く」と言わないで欲しいし、自分の思い通りに子育てをすることがよいこととは思わないで欲しい。機械と違って、生きものにとっては「ノー」ということに意味があるのです。それが生きものとして生きるということなんですね。

扇のかたちの「生命誌絵巻」で、生きものの「繋がり」と「拡がり」を描く

―中村さんが考案された「生命誌絵巻」（※1）は、扇の形をしたユニークなアートのようですね。扇の要《かなめ》には三十八億年前に生まれた祖先細胞、扇の天には現在、地球に生きる様々な生きものが描かれています。祖先細胞から始まり、単細胞生物、多細胞生物、陸上に上がった生物と、次々に多様化していく生きものの関係性が表現されています。

中村　祖先細胞から始まって、生きものはこんなにも拡がっていくんですね。キノコもタンポポも

※1　今、地球上に生きている生きものは、すべて38億年前に生まれた最初の生命体を祖先とする仲間である。「生命誌絵巻」は、生きものの世界が持つ「繋がり」と「拡がり」を描いている。

生命誌絵巻

Ⓒ JT生命誌研究館
（案）中村桂子（協力）団まりな
（絵）橋本律子

あるし、ゾウもイルカも、そして扇の天の左端には人間がいます。もし人間だけが立派なら、人間だけが存在すればいいのに、なぜミミズやチョウがいるのでしょうか。「進化」という言葉を使うと、一本の線上に生きものが並んで、順番を競っているようなイメージですが、本来、生きものの歴史とは、一本の線上に生きものが順番に並んだ「進歩」ではなく、進化とは、絵巻の扇のような「多様化／展開」なのですね。ここでまた生きものと機械の違いを考えてみましょう。

機械は規格品として製造されます。このモデルの車はこういう形という決まった仕様があって、工場から出てくると、全部同じ製品です。ちょっとでも違いがあると問題ですから、よくチェックして、規格に外れた不良品ははねてしまいます。でも人間には、機械のような規格品はありますか？　あるとしたら、いったい誰が人間のモデルなのでしょう。そういう人はどこにもいないのですね。全員が違っていて、誰が一番とか順位もつけられません。それが普通なのです。

だから「違ってもいいよ」というのは間違いで、違わなければ意味がないのです。違わないと生きていることにならないのです。「七十億人の人間が全部同じ規格だったら」と、想像してみてください。とても恐ろしいですよね。

—本来の多様性というのは、そういうことなのですね。

中村　人間には人間にしかできないことがあるし、トンボにはトンボにしかできないことがあります。それぞれの生きものが、それぞれにしかできないことをやりながら生きています。ですから、人間がコンピュータを作ったり、ロケットを飛ばすことは、人間らしい行為なのですが、それぞれの当事者が、人間はこの「生命誌絵巻」の中に生きていると認識することが大切です。人間は別格だという、上から目線で見るのではなく、他の生きものとともに、中から目線で考えることを私は提案しています。

それを基本にしていれば、コンピュータはどうやって使ったらいいのか、自動車はどう走らせればいいのかなど、おのずと判断がつきます。

—AIが発達した社会になると、将来AIが人間を超える、人がAIに支配されるのではないかと怖れる声もあります。

中村　私が一番、気になるのは、「ＡＩが人間を超える」という言葉です。ある能力の一部だけを見て、その能力が人よりも優れていたら、ＡＩは人間を超えたとおっしゃる方もいますね。しかし、そもそも人間のこともよくわかっていないし、それぞれ異なる人間が七十億人もいるのに、どうやったらＡＩは人間を超えることができるのでしょうか。

でも、人間が機械と同じだと考えて、そういう社会を続けていくと、ＡＩは人間を超えてしまうかもしれません。そういう社会の先行きは明るくないですね。

自分は生きものなんだ。一人として同じ人はいない。でも、みんな、なかなか面白いな。排除とか壁とか言わないで、みんなで楽しく、普通に生きていこう。この地球はとてもいいところだねと思えるようになったら、未来は明るくなると思います。

「生命誌研究館」は、セロ弾きのゴーシュが住む森の水車小屋のような存在

――中村さんが一九九三年の設立から携わられた大阪府高槻市にあるＪＴ生命誌研究館は、ゲノム

DNAという生命の歴史を読み解き、美しく表現することで、生きることについて考えていく場ですね。4階建ての建物の階段1段分が約一億年で、昇るごとに地球の歴史をたどることができるユニークな設計です。屋上にはチョウが産卵し、幼虫が育つことのできるチョウのための庭「Ω食草園」があったり、オサムシやナナフシなど、身近な生きものの研究を通して見える様々な関係性を教えてくれる展示など、誰もが楽しみながら学ぶことのできる工夫がされています。

中村　例えば音楽について考えてみましょう。音楽の専門家以外の人にとっては、楽譜だけを見ていたらよくわからないでしょうが、コンサートホールに出かけて生の演奏を聴いたら、音楽の素晴らしさをすぐに実感できます。私たち研究者は一所懸命にゲノムの研究などに取り組んでいますが、ただ研究をするだけではなく、ゲノムや細胞について、いろいろな研究の成果をお見せしています。来館者の皆様が「DNAはこういうものなのだ」と覗いてくださるのもいいし、興味のある方は生命誌の知識を深めてくださるのも嬉しいです。知ることで、考え方が変わりますから……。でも私は、来館者の皆様に、知識を持ちかえって欲しいとはまったく思ってはいないのです。いらしてくださった多くの方が、研究館に入ると、「ああ、生きものっていいな」「ここはホッとする空気に満たされている」とおっしゃってくださる。特に女性や子どもたちが感じてくれる。それが私は一番嬉しいですし、生命誌研究館を作ってよかったと思います。

――本来の生きものに帰れるような、ゆったりした温かさがありますね。また研究するだけでなく、芸術家とともに創作をされているのも、生命誌研究館の特徴ですね。

中村　開館二十周年を記念して、二〇一四年にフィギュア・アート・シアター「生命誌版セロ弾きのゴーシュ」という人形劇の作品を創ったのですが、きっかけは東日本大震災でした。あの地震で大きなショックを受けて、ふと宮沢賢治の『セロ弾きのゴーシュ』を手に取ったのですね。何度も読んだことのある作品ですが、そのとき、ハッと気がついたことがありました。

主人公のゴーシュは町のオーケストラでセロ（チェロ）を弾くのですが、ヘタくそでいつも楽長に叱られて、しょんぼりしながら森の水車小屋に帰ります。そのあと、ネコやカッコウ、狸が来て、彼らに言われてセロを弾いて、気がついたら、町のオーケストラで、とても上手に弾けるようになっているという話なのですが、物語の中で水車小屋に帰ったゴーシュは、必ず水をごくごくと飲むのです。

町というのは、ゴーシュにとって生きにくい現代の競争社会を表していて、ヘタくそと言われて苦しんでいます。そこで森の水車小屋に帰ってごくごく水を飲む。その行為は、「これから僕は自然の生きものの世界に入りますよ」という、彼ならではの挨拶の儀式なのだと私は感じました。そうして生きものの世界に入ると、カッコウやネズミとも心が通じて、リズムや音程など、いろいろなことを教えてもらってセロ弾きとしての腕を磨いていく。この作品を読んで、私は、生きものの世界の中で、人としてきちっと生きることが大事なんだと思いました。

宮沢賢治がそう思って作品を書いたのかどうかはわかりませんが、私にはそう感じられて「生命誌版セロ弾きのゴーシュ」という人形劇の作品に繋がりました。

—この生命誌研究館という場所が、現代社会の中で生きる私たちにとって、ゴーシュの住む森の水車小屋のような存在なのかもしれませんね。

生きものの世界には、〝違い〟はあるが〝格差〟はない
生命誌の目で、〝幸せに生きるとは何か〟を考えよう

—二〇二〇年は新型コロナウイルス（COVID-19）の大流行があり、世界中が自然の力について改めて考えさせられました。

中村　昔からウイルスは地球に存在しているので、仕方のないことなのですが、人間があまりに傲慢で勝手なことをするから、神様から「ちょっと考えなさい」と言われているのかもしれませんね。現代社会を見ると、一つ、とても嫌なことがあります。生きものの世界には〝違い〟がありますが、〝格差〟はあり得ないのです。ところが、人間の世界を見ると、ひどい格差社会になってしまった。今回のように、何か大きな危機が起こると、弱い人たちのところにしわ寄せがいきやすい。それを見ると、人間は本当に生きものらしさを失っていると思います。なんでこんな社会になってしまったのでしょう。

―確かに終戦直後の日本は貧しかったけれど、特定の人たちではなく、全員が貧しかったですね。いまは目に見えない貧困があふれています。

中村　国中が貧しくて食べられなかったという時代のことは、私も体験しています。それが嫌だと思うから、みんなで豊かになろうと日本人は頑張ってきました。その結果、世界の中で見て、日本は経済大国になることができたのです。

ところが、国が豊かになれば全員が食べることに困らないはずなのに、現実には日々の食事に困る子どもがいて、子ども食堂が必要になっています。テレビニュースでも、子どもがちゃんとご飯を食べられないという現実のほうがずっと重要なのに、株価の値動きは毎日報道されても、子どもの貧困についてはあまり取りあげられません。プライオリティが違っていますね。何かがおかしいと思います。

――今回のコロナウイルス感染拡大の影響で、国全体の経済活動が打撃を受けて、ますます貧富の差が拡がりそうです。

中村　株価が急落して、世の中に不安が拡がり、日本の社会が潰れてしまうのではないかと思った人も多かったかもしれません。でも、株を売買して、巨額な金融資産を動かしても、そこから何も生み出すことはできません。富の重要な役割は、人と人とを繋ぐことです。

私たちの暮らしを見ると、野菜を作ってくれる農家の生産者、魚を取ってくれる漁師さん、電車を運転してくれる人、赤ちゃんを育てている人、子どもたちを教育している人……、様々な人たちが各人の能力を活かして、一所懸命に仕事をしてくれるから、豊かで楽しくなるんだと思います。

こういう大変な状況に置かれたとき、私は「共感」という言葉の大切さを思うのです。

人間には自分の見える範囲にはいない遠いところに住んでいる人のことを想像し、それを「共感」に繋げる能力があります。例えば「遠いところでお腹を空かしている子どもがいるかもしれない」と心配したりする共感力は、人間だけが唯一持っている素晴らしい能力です。人間が幸せに生きるために、「共感」は最も大事な能力であり、人間らしさとは何かと問われたら、それは共感力だと思います。

私は二〇二〇年四月から生命誌研究館の館長を永田和宏さんにお任せして、名誉館長として高槻から東京へ活動の場を拡げて、新たな発信をしていこうと考えています。生命誌研究館では、科学をベースにして研究を行っていますから、科学から離れることはできません。でも東京では、「人間は生きものであり、自然の一部」という当たり前のことを、科学の分野にこだわらず、より多くの人に伝えながら、新しい生命誌を考えてみようと思います。「自然の中にありながら人間の持つ能力を徹底的に活かす」ことが、格差の拡大など行き過ぎた資本主義を乗り越えて、よりよい社会を築いていくことに繋がると思います。

—地球温暖化なども含めて、生きものとしての人間が暮らす環境も大きく変わりつつあります。これから私たちはどんな生き方を選んでいくのか、非常に重要な岐路にいるのかもしれません。

本日はありがとうございました。

中村 桂子（なかむら・けいこ）

(Profile)
1936年東京都生まれ。
東京大学理学部化学科卒。同大学院生物化学修了。理学博士。三菱化成生命科学研究所人間・自然研究部長、早稲田大学人間科学部教授、大阪大学連携大学院教授などを歴任。2002年4月～20年3月、JT生命誌研究館館長。著書に『中村桂子コレクション いのち愛づる生命誌Ⅰ ひらく 生命科学から生命誌へ』（藤原書店）、『中村桂子 ナズナもアリも人間も』（平凡社）など多数。

アダム・スミスの思想に学び、それを超えて

命を大切にし、一人ひとりが輝く社会を目指して

大阪大学総長補佐
社会ソリューション
イニシアティブ長
大学院経済学研究科教授
堂目 卓生 氏

いま、なぜ、アダム・スミスなのか。

―いま、あらためてアダム・スミスの思想が注目されています。その背景についてお聞かせいただけますか。

堂目卓生さん（以下、敬称略） 現代史を少し振り返ると、一九八九年のベルリンの壁崩壊から一九九一年のソ連崩壊で、社会主義が失敗だったことが明らかになりました。一方の資本主義も、政府の手厚い財政・金融政策で財政赤字が膨張し経済を混乱させてしまいました。資本主義国であ

れ社会主義国であれ、政府は失敗する。その失敗の仕方は、純粋な市場経済よりも、もっとひどいことになり得るということが一九八〇、九〇年代以降に表面化する中で、政府ではなく市場の機能を使っていかないといけないという規制緩和の波（自由至上主義）が世界の潮流となっていきました。

そのときに、〝政府による市場への規制を撤廃し、利己心にもとづいた競争を促進すれば、「見えざる手」（※1）によって公正かつ効率的に市場が機能して経済成長を実現でき、豊かで強い国が構築できる〟と述べているアダム・スミスの思想が、経済活動の基本原理として注目されたのです。

当時、次のようなことが、度々いわれました。「経済活動において、個人が自分の利益を自由に追求することは悪いことではない。経済学の元祖アダム・スミスが『見えざる手』を使ってそういっている」と……。これは、ある意味では間違って

※1 利己心に基づく個人個人の利益追求行動を社会全体の利益へと繋げる「市場の価格調整メカニズム」

いませんが、スミスが知ったら、さぞかし不本意だろうと思いました。

―確かに、市場原理だけにまかせると、格差の拡大や富の偏在などの資本主義の欠陥が大きくなってしまいますね。二十一世紀に入ってそうした問題がますます顕在化してきました。

堂目　実は、スミスは『国富論』で述べた自由主義を無条件に主張しているわけではありません。もう一つの著書『道徳感情論』の中では、人間の本性には、自分の利益を考えるだけではなく、他者に対する共感から道徳的な判断をする心の働きがあると述べています。『道徳感情論』で述べている人間観・社会観と、『国富論』の経済の論理を重ね合わせて、社会の秩序と繁栄に関する一つの思想体系として再構築すると、従来の一般的なスミス解釈と異なる風景が見えてきます。

一九九八年にノーベル経済学賞を受賞したアマルティア・セン（※2）が『道徳感情論』の重要性を説いたことが一つの契機となり、二十一世紀以降、ＳＤＧｓ（Sustainable Development Goals）やＥＳＧ（Ecology Social Governance）などの潮流を受けて、資本主義のあり方の議論の中で、アダム・スミスを再評価するする動きが広がっています。

※2 Amartya Sen、経済学者 ハーバード大学教授。1998年、経済の分配・公正と貧困・飢餓の研究でノーベル経済学賞。

「共感」が基盤になっている、アダム・スミスの思想体系

―それでは、近年、再評価されているというスミスの人間観・社会観を中心に、お話をお聞きしたいと思います。『道徳感情論』では、人間をどのようにみているのですか。

堂目　スミスは人間を観察する中で、まず、「感情」に注目します。感情には、喜び、怒り、悲しみ、憐れみなどがありますが、人間には、他人の感情を、自分の心に写し取り、同じ感情を引き起こそうとする心の働きがあり、これが「共感（「同感」と訳されることもある）」です。

―その共感から、どのような社会秩序が生まれるのですか。

堂目　人間の本性には、「自分の利益を考える」だけでなく、「他人への関心」が備わっています。「共感」は、この「他人への関心」から、他人の感情や行為と、自分の感情や行為とを比較して、一致するものを是認し、一致しないものを否認します。さらに、他人も同じように是認・否認している

ことに気づくと、他人の目に映る自分のことが気になり、他人から認められたいと願います。

こうしたやりとりの繰り返しの中で、私たちの胸中に「公平な観察者」が形成されて、その是認・否認にしたがって、自分の感情や行為を判断するようになります。この「公平な観察者」は、自分を含めたすべての人々との利害関係を逃れた立場から判断する存在です。

──「公平な観察者」とは、ある意味で、自分の中の裁判官ですね。それにより見張られていれば、道徳的になっていくと。

堂目　ところが、人間は、常に「公平な観察者」に従う「賢さ」だけでなく、自分の欲望に囚われたり、世間の評判などを気にしたりする「弱さ」も持ち合わせています。程度の差はあるけれど、「賢さ」と「弱さ」の両方を持ち合わせる、それがスミスの人間観です。

そして、「弱さ」から生まれる虚栄心から、優雅で立派な暮らしをするために、富を得ようとする人たちが競争します。経済発展の原動力は、人間の中の「弱さ」にあるといえます。

――「他人への関心」から共感が生まれるとのことですが、「利己」と「利他」は、共感とどのような関係を持っているのですか。

堂目　利他は自分を犠牲にして相手を優先するので、そこには自己犠牲があります。反対に、利己は自分の利益を優先します。共感は利他と利己を繋ぐ役割を果たします。例えば、胸が苦しくなった人に共感すると、自分の胸も苦しくなります。そういう能力が人間にはあるのです。他人の痛みが伝わってきて自分も苦しくなり、治したいと思う。しかし、原因は、自分ではなくて相手の肉体にあるので、相手を「大丈夫か」とさするわけです。相手が「はー」と息ができると、同時に自分も楽になります。

――まさに利他的行動に思えますが。

堂目　一見そうですが、当人からすると、自分を犠牲にして、相手の苦しみを除いているのではなく、自分の苦しみを取り除いているので、利己的であるともいえます。「完全な共感」は、利他と利己の区別をなくし、一致させることができます。

『道徳感情論』は利他主義を広める本ですね、といわれることがありますが、むしろ、利他と利己の一致を広める本といった方がいいかもしれません。

―アダム・スミスは、「共感」によって、利己主義の暴走を止めようとしたのですね。共感によって、どのような利他的行動が可能になるでしょうか。

堂目　対他的な行動には、二種類あります。一つは正義（justice）です。相手の生命、身体、名誉に手を付けない。相手が憤慨すること、相手にとって有害なことはやめようとする。なぜかというと、立場を置き換えれば、自分がそうされたら憤慨することがわかり、自分が憤慨の対象になるのはいやなのでやめようとします。もう一つが慈恵（benevolence または beneficence）です。自分が何かをすると、相手が喜んで感謝する。感謝の対象になることは心地よいので、相手が喜び、感謝することを進んでやろうとします。

正義は法によって社会が強制するものですが、慈恵は共感する中で自発的に行うものです。社会は、正義により秩序が打ち立てられて、慈恵により、さらに美しく住みやすいものになっていくと、スミスは考えました。

―共感で、人と人は一体になるとのことですが、それは、どこまで拡がるものですか。

堂目　共感には想像力が必要です。母親は赤ん坊の熱が出たときには、自分のことのように心配し、命に代えてでも治そうとします。しかし、こういう気持ちは、親兄弟・家族・友だちくらいまでで、見ず知らずの人に、利他と利己を一致させるまで共感できるかというと、それは無理です。スミスは、共感が有効に働くのは、せいぜい同胞国民までだといっています。

—共感を重んじるスミスは、人間の幸福を、どのように考えていたのでしょうか。

堂目　古代のストア派哲学の影響を受けていたので、人間の究極的なよい状態は「心の平静」だと考えました。心が凪《なぎ》のような無風状態です。富んでいる人であれ、貧しい人であれ、心が平静になったときが一番幸福で、みんながその状態になるには、どうしたらいいかと考えました。

例えば、浮浪者は自分を卑下し、明日の暮らしを心配して心が波立っています。十八世紀のイギリスには救貧法があり、教会で施しが受けられましたが、それは一時的なもので、心の平静は得られません。貧しい人が多数いて、社会は不安定な状態でした。

そこで、資本や土地を持つ人たちが、フェアな競争のもと、資本を蓄積し、経済を成長させれば、貧しい人たちに雇用が与えられ、自立して生きていける、そして心の平静を得ることができる。経済成長はこのためにあると、スミスは考えました。

アダム・スミスの究極の目的は、国際法の基礎を作ることだった

—そこで『国富論』ですが、正式タイトル（※3）では、「Wealth of Nations」。一国の話ではなく、複数の国家のことをいっていると、初めて知りました。

堂目　あくまで私の解釈です。そうではないと考える人もいます。『国富論』だけを読むと、豊かになるための一般原則として、まずは分業。そのために市場が必要で、市場はフェアで自由でなくてはいけない、そこに「見えざる手」が働く。もう一つは資本蓄積です。このシンプルな分業と資本蓄積の原理に従えば、どの国も豊かになる。豊かになったら、政府は防衛と司法制度、それから若干のインフラを完備するだけでいい、と書いてあります。

スミスが構想した社会は、図1のように示すことができるでしょう。図は、資本や土地を持つ人たち（①三角形の中にいる人たち）が、フェアな競争をすることによって、労働者階級の人たち（②三角形の外の人たち）に、雇用がもたらされることを示します。

確かに『道徳感情論』を読まないと、『国富論』は、国を富ませるためのマニュアルのように読

※3 『An Inquiry into the Nature and Causes of the Wealth of Nations』

むことができます。しかし、『道徳感情論』を合わせて読むと、そうでないことがわかります。特に、スミスが自由貿易を支持する理由がわかります。

——『道徳感情論』から自由貿易に、どう繋がるのですか。

堂目　一国だけが生き残ればいいのなら、保護貿易でいいのかもしれません。当時のヨーロッパ諸国がそうしていました。自分の国の産業を守るために、相手からはなるべく買わないで、自分の国の製品を輸出する。すると、貿易差額で黒字となり、決済手段である金が手に入る。戦争が始まれば、その金を使って外国から物を買ったり、傭兵を雇ったりすることができる。重商主義は重金主義とも呼ばれます。

ゼロサム・ゲームで金を取り合う保護貿易は、一国が生き残っていくための合理的な方法に見えるかもしれませんが、ヨーロッパ全体から見るとばかげています。また、その国にとっても本当は合理的ではなく、特に最低限の生活ができる国民の数を最大にしようとするときには、まったく不

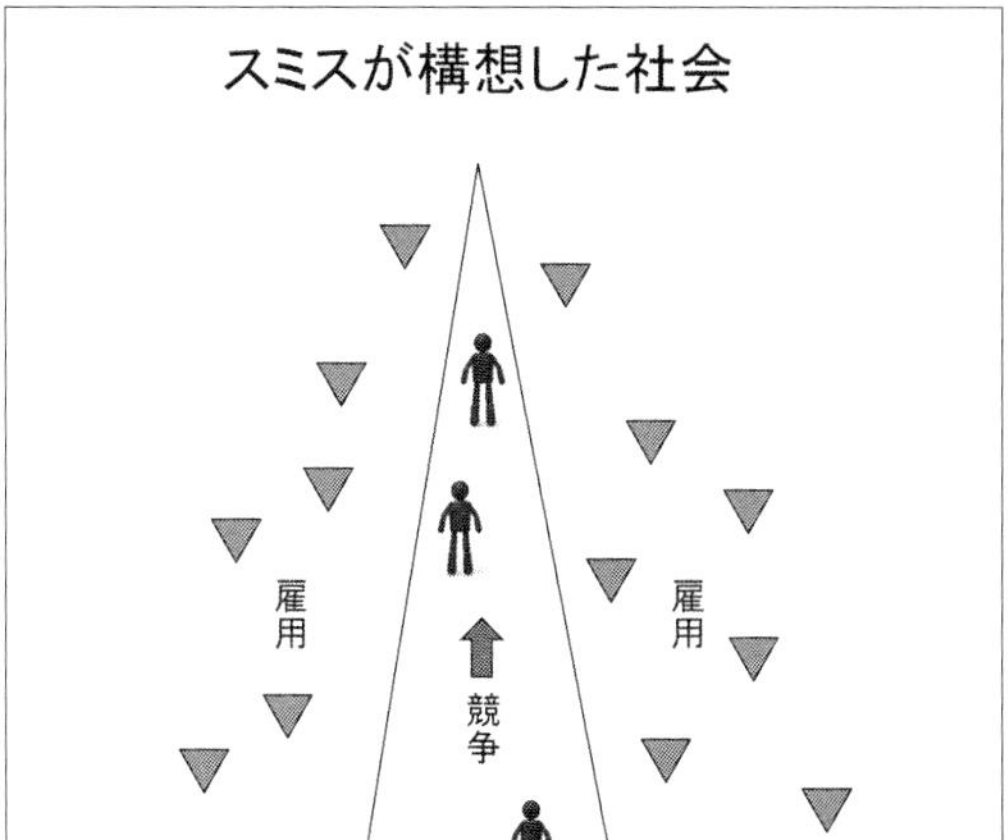

図１

合理です。スミスは、この理由から自由貿易を推奨したのです。

――人類全体の幸福である「心の平静」を目指すなら、自由貿易の方が有効だと。でも、人が共感できるのは、同胞国民まででではなかったでしょうか。

堂目　その壁を超える方法の一つが、まさしく自由貿易なのです。イギリス人がフランス人の作ったワインを飲み、イギリス人が作った服をフランス人が着ることで、「けっこういいものを作るじゃないか」などと、互いの国民が想像の中で繋がります。貿易取引の最前線に立つ商人たちは、きちんと商品が届き、お金が支払われれば、互いに信用が生まれて、偏見はなくなるでしょう。

――当時、イギリスとフランスは、戦争を繰り返して財政難にあったといいます。貿易で、両国民が友好的になるというのですね。

堂目　モノの交換は人と人との共感を前提にしなければ成り立ちません。また、モノの交換を繰り返すことで人は取引相手をよりよく理解するようになります。「人が繋がり交流を深めれば、穏やかな国際秩序ができるだろう」とスミスは考えました。

――『国富論』は、国際秩序を求めていたのですか。

堂目　『道徳感情論』の最後に、ほんとうに求めたいのは、人類のすべてが従うことのできる自然な正義だと書いています。共感によって秩序ができ、それぞれの共同体に正義の法ができますが、正義の法は、国の伝統や文化に染まっています。姦淫した女性に石を投げて殺すことが正義だという国もあれば、不正義だという国もある。ほんとうの正義、人間としてやってはいけないことは何か。これがないと、国と国は繋がれない。スミスは、自然的正義の上に国際法を打ち立てようと考えました。

――国際法の基礎を作ることが、スミスの究極目的だったと？

堂目　私はそう思います。スミスは『道徳感情論』の初版（一七五九年）において、国際法の基礎になる自然的正義を明らかにする著作を書くと宣言しましたが、亡くなるまでの三十一年間、この計画は実現できませんでした。しかし、この計画の一部が一七七六年に『国富論』となって出版されました。こうした経緯を踏まえて『国富論』を読むと、一国だけが豊かになって、軍事力を持って他国を圧倒するためのマニュアルではないことがわかります。

自然的正義に至る人間の交際を、どうやって広めていくのか。『国富論』には、そのために経済、国際経済はどうあるべきかが書いてある。『道徳感情論』から読むと、こう解釈できます。

アダム・スミスの残した二つの課題

—堂目先生は、アダム・スミスを出発点に、現在、持続可能な共生社会を構想する活動に取り組んでいらっしゃいます。それについてお聞かせください。

堂目　十八世紀という時代の制約の中で、スミスが残した課題が、二つありました。一つは、「家柄や経済状態によって競争に参加できない人びとをどうするか」ということ、もう一つは、「宗教や文化が違う人びとまでどうやって共感を拡げるか」ということです。これらの課題を引き継いだ経済学者に、ノーベル経済学賞受賞者のアマルティア・センがいます。

センは、不利な状態にある個人（女性、貧困者、障がい者など）の「ケイパビリティ（選択の幅）」を拡げることを優先する社会の重要性を説いています。これは、「成長」から「分配」へ、「自由」から「平等」へとウェイトを移す考え方です。

—弱者への配慮でしょうか。

堂目　そうなのですが、スミスやセンをはじめとする経済学者の多くは、生産の視点から財やサービスを提供することのできる優秀な人たちを、社会の中心に置いてきました。そして、生産活動に参加できない弱者、例えば子どもや高齢者、身体・知的障がい者たちに、作ったものをどれだけ分け与えていくかという分配の寛容さについて、異なる学説を提案してきました。それが、経済学の歴史だといえます。

ところが、私は「ラルシュかなの家」の実践家たちと出会い、大きな衝撃を受けました。

―経済学者でなく、実践家から。

堂目　「ラルシュ（L'Arche＝方舟《はこぶね》）」は、健常者が、知的障がい者と一緒に生活し働くことで、健常者の持っている「心の壁」を取り払う場で世界に150箇所以上あります。日本には静岡市に「かなの家」があります。

―「心の壁」とはどのような。

堂目　過去に受けた心の傷や恐れを封じ込めるための、誰もが心の中に持っている壁です。人間は「心の壁」を作って自分を守るとともに、それを思い出させる他人を排除しようとする。差別や暴力の根源は、その心の壁にあるのです。

「ラルシュ」では、知的障がい者を中心に置いて、健常者（正確には「健常者と思っている人びと」）が、その人たちと共感し合うことによって自分の中にある心の壁を発見し、受け入れ、乗り越えることによって、障がい者も健常者もなくなる状態を経験します。本当は弱者も強者もないことを知り、上から目線でしてあげるのではない接し方を学び、自分を解放していくのです。経済学における考え方とは異なります。逆転の発想です。

—先生の「大阪大学社会ソリューションイニシアティブ」（ＳＳＩ）も、そうした共生社会を目指していると？

堂目　私が長をつとめるＳＳＩは、いまから三〇年後、二〇五〇年を見据え、持続可能な共生社会を実現するために、様々な社会課題の解決策を考えるシンクタンクです。

長年、経世済民（※４）の研究をしてきて、アダム・スミスの「共感」概念は、私に重要なインスピレーションを与えてくれました。しかし、スミスの思想だけでは、これからの問題に対応することはできません。課題も変わり、見方を変えなくてはならない部分もあります。

近代は、科学に依拠して物事を理解し、物質的な世界観を作ってきました。そして、物質的に豊かになることが幸せに繋がると考えました。心が大事だといいながら、モノ中心の生活をし、人が人をモノのように支配する。それが近代の特徴だと思います。もちろん、よくなった面もありますが、失ったこと、犠牲にしてきたことがあります。その一つが地球環境の持続性です。

※４ 人々を苦しみから救い世の中をよく治めること。「経世済民」を略して「経済」という語となった。

ここからどうやって巻き戻していくか。近代的な世界観を見直し、そこから解放されていく見方を探さなくてはなりません。ＳＳＩは、こうした観点から、「命を大切にし、一人ひとりが輝く社会」を目指して活動しています。

―アダム・スミスの「共感」からはじまり、共感の範囲を拡げる思索の過程を教えていただきました。その中で、逆転の発想に出会い、持続可能な共生社会の構築に本気で挑もうとされていると、理解いたしました。

当協会も「誰も取り残さない」社会とは何を指すのか、具体的に示しながら、共生社会づくりのために尽力したいと思います。

今日はありがとうございました。

堂目 卓生（どうめ・たくお）

(Profile)

1959年岐阜県生まれ。慶應義塾大学経済学部卒業、京都大学大学院経済学研究科博士課程修了、経済学博士。立命館大学経済学部助教授を経て、2001年より大阪大学教授。
著書に、『古典経済学の模型分析』（有斐閣、1992年）
History of Economic Theory: A Critical Introduction、E. Elgar, 1994
The Political Economy of Public Finance in Britain, 1767-1873、Routledge, 2004（2005年、日経・経済図書文化賞受賞）
『アダム・スミス』（中公新書、2008年。同年サントリー学芸賞〈政治・経済部門〉受賞）
2019年秋、紫綬褒章受章。

日本人の暮らしの〝原風景〟を復興する

次世代とともに創るランドスケープ

ランドスケープ・デザイナー
造園家
田瀬 理夫 氏

仕事の原点は失われた故郷の原風景

—田瀬さんはランドスケープ・デザイナーとして、自然と人の暮らしを繋ぐユニークな仕事をされています。例えば14階建てのビルの屋上を緑化し、まるで自然の里山のような姿を体現した「アクロス福岡」は代表的な作品ですね。様々な緑地設計に携わり、これからのランドスケープのあり方を提唱している田瀬さんですが、その原点は生まれ故郷の東京にあるとか。

田瀬理夫さん（以下、敬称略）　僕は東京生まれの東京育ちです。市ヶ谷で生まれて、小学校低学年までは市ヶ谷駅の近くのお堀で遊んでいました。当時は水がきれいで、堀の水の中に魚が泳いでいるのが見える。それを釣ったりしていました。その後、家の事情で、練馬区石神井に引っ越したのですが、そこには三宝寺池《さんぼうじいけ》と石神井池があって、当時は自然がとても豊かでした。起伏のある土地で、大きな木もたくさん残っていて、僕は麦畑の中を歩いて通学しました。自宅の庭に池を作ったり、近くの雑木林で種を拾ってきて蒔いたりして。

小学校6年生のとき、西武鉄道が持っていた池を東京都が買い取り、都立石神井公園になったら、とたんに護岸がコンクリートになったんです。脇に流れていた水路も埋めてしまって、楽しさがなくなっていくんですね。三宝寺池、石神井池、井の頭池《いかしらいけ》は標高がほぼ40数メートルで、武蔵野台地の湧き水が出るところにあります。いまは台地の上が宅地で埋め尽くされて、湧水が出なくなってしまった。残念ながらどの池も地下水をポンプで汲みあげています。

―一九六〇年代前半くらいまでの東京は自然が豊富で、美しい場所だったのですね。それが、いまでは隅々まで開発し尽くされています。

田瀬　結局、東京は一極集中でいびつなんです。僕は建材砂漠と呼んでいるのですが、どこもかしこも建材で埋めつくされている。コンクリート、アスファルト、セメントすら輸入して、内装材もほとんどが輸入したものです。そしてヒートアイランドでしょう。まさに砂漠ですよ。都心は建て替えで、新しい高層マンションもビルもたくさん建っていますが、皇居のお堀はまだ汚れているし、東京湾は年々汚染が進行しています。

―東京湾は一時期、きれいになって、鮎が遡上するなどと言っていましたが、また汚染ですか。

田瀬　一九九〇年を超えたあたりから、都心に人口が集中し始める一方で、下水設備が追いついていないのです。汚水浄化槽という施設は、そんなに早急に作れるものではありません。浄化能力はほとんど変わっていないので、結局、お手上げで、垂れ流しなんです。実際、東京湾はどんどん臭くなっています。夏になると、黒潮が東京湾の入り口から上がってきます。すると川から流れて来た汚染水が千葉方面に流れ、東京湾の内側の水質が悪くなっていく。先日も東京海洋大学の港南キャンパスに行ったのですが、海から異臭がしました。

そういうひどい汚染状況を放っておいて、新しいオフィスビルを作っても、バランスが悪いんですね。例えば東京の新しいランドマークとして建てられた都心の最新ビルにしてもそうです。雑排水の処理をビル内で行い、トイレの洗浄に使うなどはしていても、汚水はそのまま流しています。できるだけ省エネルギーになるような作り方をしているとは思いますが、廃熱は出るし、結局環境に負荷をかけていることは間違いない。

――東京のあちこちに高層マンションができていますね。そこに若い人口が集中し、都市計画がまったくできていない。

田瀬　不動産会社にまちづくりを任せてしまう形なので社会性がないですし、そこに住んでいる人たちもコミュニティを作りにくい。また個別の高層マンションは自由に廃熱しているから、ヒートタワーみたいなものですね。町が新しくなることがいいと思われがちですが、全体から見るとヒートアイランドの進行はひどくて、環境に大きな負荷をかけています。

福岡の繁華街のど真ん中に、“緑におおわれた巨大な山”を作る！

──田瀬さんが植栽を設計された福岡市・天神にある「アクロス福岡」は、旧福岡県庁跡地に建てられた14階の大型複合ビルですが、その特徴は、繁華街のど真ん中に、別名「アクロス山」と呼ばれる巨大な山を作って自然の環境の力をいろいろなことに利用している点ですね。

田瀬　「都市に山を作る」などということは、前代未聞の試みでした。そこで、私はアクロス福岡コンペ案の作業をしていた段階から、この施設を「天神岳」と呼びました。設計のイメージを、事業主や設計チームなど関係者にわかりやすく伝えるためです。

もともとはアルゼンチンの建築家、エミリオ・アンバースのコンセプトで、建物の南側が階段状のステップガーデンになっていて、前にある天神中央公園に繋がっています。

竣工して数年間は、山に植えた苗木が小さかったため、山全体の緑もまばらだったので、「コンクリートのピラミッド」などと批判されました。でも、一九九五年の竣工から五年後、樹木が育ってきたときに、いろいろな気象観測をしました。すると真夏の無風の夜に下降流が起こって、冷た

アクロス福岡、全景（1995 年開業）

い空気が降りてくるのが観察された。現在も日中気温を測ると、建物の南側の地面が一番低くて、道路が走っている北側が一番高いのです。

――南が涼しくて、北が暑いとは。自然の環境を取り入れて自然のエアコンとして働いているのですね。

田瀬　「アクロス福岡」は6割が商業施設で、テナントも長期間、入ってくれています。4割の公共施設も、パスポートセンターや国際会議場、シンフォニーホールなど稼働率がすごくいい。ビルの緑化のために土を入れるので、構造的なものに少し負担がかかりますが、建設費は十分に回収できます。商業的にも公共的にも、そして環境的にも成立した建物で、こういうものなら、いくら集積してもいいですね。

現在、だいぶ山らしくなってきました。日本の

山はもともと、人が歳月をかけて育てたものです。「天神岳」も作ったらお終いではなく、長い時間をかけて育てていくのが、関係者を含めて私たちの使命だと思っています。

いま、アクロス福岡の植物の種類は、竣工時の75種から3倍以上に増えました。最初に植えたのは、シイなど6割は常緑樹でした。しかし、常緑樹ばかりでは緑が単調で暗くなったりしたため、数年後から落葉樹も植え足して、自然の四季の景観を再現するため、多様な樹種で構成していいます。野鳥が運んできた実生もそのままにしているため、新しい種類が加わるたびに、「山」の表情はどんどん変わり育っていきます。

―福岡だけではなく、全国の大都会に、巨大な山がそびえたてば、地域のランドスケープも変わっていくでしょうね。

田瀬　僕がこれを作っているとき、いずれは似たようなものがたくさんできると思っていたのですが、実現しなかった。おそらく福岡という場所にあったからでしょう。東京と大阪に一つずつ建っていたら、その後の状況もだいぶ違っていたと思います。

遠野の里山で、馬と人との伝統的な生活を実践する

―田瀬さんは約二十年前から、岩手県遠野の里山で「クイーンズメドウ・カントリーハウス」という滞在拠点を作り、馬を放牧し、有機農業をしながら、土地に根ざした暮らしを実践しておられます。始めようと思ったきっかけは？

田瀬　僕は都心で生まれて育って、仕事をして、町が好きだったのです。でもいまの東京では「新しさ」という価値しかないんですね。周囲がどんどん地上げされ、建物が密集し、空が狭くなるのと同時に、古くから営業していた豆腐屋や喫茶店など、馴染みの店もなくなりました。新しくチェーン店が入ってても、コミュニティができるわけではなく、もうそこに行くことに意味がなくなる。

「遠野の伝統的な生活」
左奥の一番奥が地域のシンボル早池峰山です。かつては 3000ha 、いまは 300ha ほどで黒牛と牛を放牧。

それでは、自分たちはどう振る舞えばいいのかと考えたのです。たまたま仲間が仕事の関係で遠野に何年か通って、すっかり遠野が好きになり、自分たちの小屋を建てたいというところから話が始まりました。どうせやるなら、自分たちの未来と、地域の未来が繋がるようなものをやろうという話になって。将来、震災が来て東京がクラッシュしてしまう可能性も高いので、食糧を自給できたらいいし、家族を超えた空間を作り、賛同できる人は遊びに来たり、手伝ってくれたらいいね、ということでスタートしました。現在は、仲間は12人いるかな。都会と遠野を行き来する人もいるし、遠野に

「遠野の伝統的な生活」
クイーンズメドウ・カントリーハウス　馬房の扉はいつも開いていて、馬たちはいつも自由!!　2列の馬の足跡。

移住した人もいます。

—馬とともに暮らすという生活がユニークですね。

田瀬　一棟目の建物ができたのが二十年前。馬が来たのは二〇〇六年なので、約十五年になります。自然の中では夜は真っ暗だし、熊もいるし、少人数で暮らしていたら、やはり寂しいし、怖い。でも馬がいると俄然違ってきます。ただ最初は馬のことを誰も知らなくて、飼い方も試行錯誤でした。見よう見まねで馬小屋を作って馬との暮らしを始めましたが、早朝から起きて、馬の世話をするだけで、朝飯前から汗だくです。特に冬場はつらい。
遠野はもともと「夏山冬里」といって、夏は1000年以上の歴史がある荒川高原牧場というところに馬を放牧していました。秋になって馬を降ろして、冬は里にある南部曲り屋で一緒に住んでいた。そういう伝統的な生活様式があったのです。
でも、僕らが暮らし始めた頃は、そういう生活がまったく途絶えていて、高原牧場も10分の1程度しか使われていないし、かつて4000頭いた馬が100頭もいない。馬の獣医もいないし、誰も何も教えてくれません。それで近隣の乗馬クラブの人に教わって、自分たちなりの飼い方を考えました。それで、あるときから馬房の扉を開け放って馬を放牧し始めたのです。いま、雄馬は雄馬用の、牝馬は牝馬用のパドックに放して、冬中、ずっと外にいます。実際に一緒に暮らしてみると、馬は寒さに強い動物なのだということがわかってきて、やっと遠野で馬と暮らす意味やよさを実感できるようになりました。

——「クイーンズメドウ・カントリーハウス」のホームページの写真を見ると、美しい風景に癒やされます。こういう暮らし方を体験したくなりますね。

田瀬　この空間にいたい、体験したいという人が増えてきて、短期滞在プログラムなどを作っています。現在の遠野は都会と同様、どんどん新しいものを作って、かつての風景が消えてしまいました。でも、「あ、こんなところがまだあったんだ」と思えるような、本来の遠野らしい空間を少しでも残しておく。そこに価値があるのではないかと思います。

夏場、僕らが馬を放牧している高原牧場の麓には、馬産《ばさん》の守護神を祀った由緒ある駒形神社があります。この神社は例大祭のとき、近隣の人が馬を連れてお祓《はら》いをしてもらっていたのです。長く途絶えていたその伝統を、僕らが復活させました。すると我々以外にも馬を連れてお祓いをする人も増えて、神社に活気が出てきました。二〇〇八年に荒川高原牧場は国の重要文化的景観に選定され、その翌年には、駒形神社も追加選定されました。遠野では、こんな変化が起こってきました。

ランドスケープは当たり前の住環境を作ることである 若い世代には、現場の中で、〝発見する〟ことの楽しさを伝えたい

——近年、地球環境問題が話題に取り上げられ、若い世代の中で環境に敏感な人たちが増えてきました。長年、ランドスケープの仕事に携わってこられた田瀬さんから、彼らに何を伝えていきたいですか。

田瀬　僕は千葉大学大学院の非常勤講師で演習などをやっていたんですが、学校という場にいるだけでは視界が広がらないですし、ランドスケープのデザインも難しいと感じたんですね。それで、二〇〇〇年からオフキャンパスと称して、学校から出て、自由な立場でいろいろな現場教育を始めました。学生を遠野にも連れて行きましたし、ここ数年、東京で続けているのは「草取り」なんです。

僕は東京都調布市にある味の素スタジアム西競技場（現・AGFフィールド）の設計をしたのですが、ここはメインスタンド以外、限りなくコンクリートは使わず、土と植物だけのスタンドです。外側に4000㎡ほどの芝生の部分があり、これをどう管理していくのか。いまはみんな、管理費を削減するから、草を機械で一律に、短時間で刈ってしまいます。すると在来種も帰化植物も一緒くたに切るので、これを続けると帰化植物ばかりになってしまい、管理の手間は年々増えます。セイタカアワダチソウばかり強くなって、放っておけないわけです。

そうならないように帰化植物だけを取り、在来種を残す。選択的除草です。これを年に4回、八年間続けたら、抜いた帰化植物が約70種類、その間に生えてきた在来種が110種類を超えている。こういうことをやると、確実に景色が変わります。昆虫は食べる草が決まっているので、在来種が生えればやってきます。シジミチョウがいたり、バッタも出てきたり。虫がいれば野鳥も来る。こんなに増えるとは予想もしていなかったので、びっくりしました。また草取りというのは普段使わない頭と筋肉を動かすから、やっていて、すごく気分がいいし、達成感があります。ランドスケープを勉強している学生だけでなく、社会人になった人も参加して、みんなで毎回楽しんで生物多様

について勉強しています。

―続ければ、続けるほど、確実に景色が変わっていく……。達成感のあるお仕事ですね。

田瀬　長く関わると、それだけ価値が出てくるし、長く続くということは、価値を実証したことになります。「アクロス福岡」は六十年間のリース契約なので、僕は管理会社の社長さんから「六十年間、ずっと面倒をみてくれ」と頼まれています。それで毎年、簡単な年度の管理目標をたて、年度末に様子を見て、翌年はこんなことをしよう、というジョブを頂いています。メンテナンス作業は、施工した造園会社が竣工以来担当しています。

僕自身、年齢を考えたら、いつひっくりかえるかわからないので、地元九州で頑張っている若い造園家と三年前から一緒に現場の点検をし、いずれは引き継いでもらうように考えています。植物の寿命は建物より長いので、それを理解してくれるクライアントがいると、受ける側も全然違います。

僕の仕事というのは、作品を創るというタイプではなく、当たり前の町や住まいの環境を作ることです。したがって、基本的に仕事の成果は、ある時点のものでしかなくて、時とともに関わる人も変わります。公共性と社会性があって、なおかつ地域性がある。この三つがいつも揃っていないとダメなんですね。しかし、これが難しい。二つまでは達成できても、三つを兼ね備えたものは本当に少ないのです。

いま、僕は二回りも若い人たちと付き合っていますが、彼らに、「アクロス福岡のような建物は、結局一つしか建てられなかった」とぼやくと、「でも田瀬さん、若い学生たちはアクロスが当たり前に頭に入っているから、次世代の若者はこういうことを普通にやりますよ」と言ってくれたので、多少は安心しています（笑）。若い世代ほど環境に敏感だし、行動力もあります。

レイチェル・カーソンさん（※1）の世代が切実に思っていたことを、僕たち団塊世代が引き継いで考えていったように、次世代の人たちも同じ方向性で継承してくれたら僕たちも元気が出ます。今後、立命館大学大学院で、気候変動と生物多様性をテーマにした都市デザインの授業を行う予定もありますので、楽しみにしています。

ただ、ランドスケープの仕事は場所によっても違うし、地域によっても違うので、その場に行かないとなかなか理解できないものです。やはり若いうちに、いろいろな場所を見て歩くことが大切ですが、それにはお金もかかります。特に日本は交通費が高いので、それを公共やＪＲは助成すべ

※1 Rachel Louise Carson、1960年代に環境問題を告発し、環境保護運動の始まりを作った生物学者。著書に、農薬に使用された化学物質の危険性を訴えた『沈黙の春』がある。

きではないかと思います。遠野でオフキャンパスをするとしても、フリーパスがあれば、たくさんの学生が来られます。そういうことが本当の社会貢献なのですね。

—田瀬さんが手がけているランドスケープは、本来、利他的なもの。自己実現を超えて、先の世代まで巻き込んで、作り続けていくのですね。

本日はありがとうございました。

田瀬 理夫（たせ・みちお）

(Profile)
1949 年東京都生まれ。
千葉大学園芸学部造園学科卒業。株式会社プランタゴ代表。2008 年〜 18 年 農業法人株式会社ノース代表を兼務。主な仕事は、百合ヶ丘ビレッジ、コートハウス国立、アクロス福岡、アクアマリンふくしま、BIOS の丘、地球のたまご、日産先進技術開発センター、5×緑、味の素スタジアム西競技場、現代町家、クイーンズメドウ・カントリーハウス馬付住宅（馬 100 頭）プロジェクト、神山町大埜地集合住宅など。

「幸福学」の実践で、幸せな人生はコントロールできる

4つの因子で、幸せへの道筋を解き明かす

慶應義塾大学大学院
システムデザイン・
マネジメント研究科教授
前野 隆司 氏

幸せをコントロールする「4つの因子」

―前野さんは「幸福学」の第一人者として、システムデザイン・マネジメントのアプローチから人が幸せになるための研究に取り組まれています。

第1因子「自己実現と成長」、第2因子「つながりと感謝」、第3因子「前向きと楽観」、第4因子「独立と自分らしさ」、と4つの因子で、幸福への道筋をシンプルでわかりやすいメカニズムで説明されています。これらの因子が生まれた背景などを教えていただけますか。

前野隆司さん（以下、敬称略）　私はもともと理系ですし、大学では工学を学んで、キヤノンに入りました。カメラを作ろうと思ったら、シャッターを押すと動く。そういう力学に則って製品ができています。実は、幸せもそれと同じだと思ったのです。例えば、人はやりがいがあると幸せになるし、利他的になると幸せになる。幸せになるにはメカニズムがあって、それらをわかりやすく説明したい、理解したいと思ったのです。

幸せの４つの因子を要約すれば、１つ目の因子＝「自己実現と成長」とは、仕事でも趣味でもボランティアでも、夢や目標を実現しようとわくわくする……〝やってみよう！〟因子です。

２つ目の因子＝「つながりと感謝」とは、人に感謝し、人に親切になるなど、他人とのいい関係を築く……〝ありがとう！〟因子です。

３つ目の因子＝「前向きと楽観」とは、楽観的で気持ちの切り替えが早い……〝なんとかなる！〟因子です。

4つ目の因子＝「独立と自分らしさ」とは、人の目を気にせず、本来の自分のままに行動できる……〝ありのまま！〟因子です。

以上の4つの因子が揃えば、幸福度は増します。

お金だけで、人は幸せになれるのか

――大学では若い学生と一緒に研究をされていますが、いまの時代の若者は変わってきていますか。

前野　5億4000万年くらい前、カンブリア爆発（※1）が起きて、突然、多種多様な生物が生まれたというでき事がありました。いまはまさに、そういう時代なのではないかと感じています。世界を見ても、自国第一主義の大統領が出てきたり、保護主義に走る国もあります。若者は時代の変化をすばやく感じ取るので、両極端の若者が出てきています。
幸福学やフィランソロピーを考える利他的な人たちもいますし、利己主義で自分のことだけを考

※1 生物の進化の過程で起こった「カンブリア爆発」という言葉の意味が転じて、産業社会において同時期に爆発的な技術革新が起こる現象など、いろいろな比喩に使われる。

える人たちもいます。ＡＩの分野で起業して成功し、会社を売って、三十代で何十億円も持っている人も大学に来ます。

――お金だけに走る若者は幸せになれますか。

前野　「お金を自分のために使っても幸せになれない。他人のために使った方が幸せだ」という研究結果がすでにたくさんあります。企業経営者も、自分だけが儲けるより、社会貢献活動などをした方が幸せになるということに気がついている人もいます。せっかく金持ちになったのに、「あれ、幸せを感じない。どうしようか。よし人のためになろう」というふうに転じて、幸福学の勉強を目指す人も僕のところに来ているので、悪くない世の中だと思いますよ。

企業経営で一番大切なことは、儲けることですか。働く人の幸せですか。

――「幸福学」の発想は企業経営の分野でも参考になりますね。前野さんの著書『幸福学×経営学次世代日本型組織が世界を変える』の帯には、「企業経営で一番大切なことは儲けることですか？ 働く人の幸せですか？」と書いてあります。利益追求が企業の第1目的だという考え方が多い中、働く人の幸せに重点を置く発想は、とても刺激的です。働き方改革、SDGs、株主資本主義からステークホルダー資本主義へ、という経済社会の大きな潮流にも一致しています。

前野　よい経営ということを考えると、「従業員満足度」より、「従業員幸福度」の方が生産性に比例するという研究結果があります。従業員満足度というのは、福利厚生などの制度、手当などの雇用条件に、どれだけ満足しているかどうかを見ます。

従業員幸福度は、もっとトータルな視点です。待遇だけではなく、会社に誇りと愛着を持ち、よい上司や同僚に恵まれ、この会社のために努力しようと思うなど、いろいろな満足をすべて足し合わせたものが従業員幸福度で、これが高いと生産性が上がり、離職者も減少します。5年くらい前、Facebookに「会社は働く人の幸せのためにある」と書いたら、「前野先生、この投稿は取り下げたほうがいいですよ。学者として、経営学の基礎もわかっていないと思われる。会社は株主のためにあるのですから」と教え子から助言をもらいました（笑）。善意で言ってくれたのですね。当時、賛否は半々でした。でもいまはだいぶ状況が変わって、会社は社員の幸せのためにあるという意見も確実に増えています。

——前野さんは企業団体などでも講演をされますが、そこでもこの話をされているのですか。少し勇気が要りますね（笑）。

前野　そうですね（笑）。全体的に見ると、「社員の幸せのため」と明言するトップはまだ少ないのですが、「前野さんの言うことはわかるよ」と言ってくださるトップも増えつつあります。それから、下の若い世代からは「よく言ってくれた」という共感の声も出てきました。日本の雇用環境を革新していこうというエネルギーは、グッと高まっていることを実感しています。

年齢と比例して、人は利他的になる
——社会が高齢化すると、幸せな人が増える——

—幸せのメカニズムには年齢という要素もありますか。

前野　利他と年齢は比例するという研究があります。つながりを大切にして、他人に感謝し、利他的に舞る振う。こういう人は幸せだというのは、幸福学の研究結果から明らかです。もちろん人によって早い、遅いはありますが、平均値でいえば、年齢を重ねるほど、利他性がだんだん育っていくように人間はできているのではないかと考えられます。僕も恥ずかしながら若い頃は利己的でしたが、社会でお世話になったり、子育てをしたり、大学教員として学生が育ってくれたら嬉しいとか、感謝されたら「ああ、よかった」と思う。そうやって、だんだん利他に目覚めていきますね。

―つまり高齢になると、幸福度が上がる。高齢化は決してネガティブな面ばかりではないのですね。

前野　そうなんです。高齢化社会とは、幸せな人が増える社会です。平均値で言うと、社会は悪くなっていない。最近、高齢者は怒っている人が多いと言う人もいますが、実はそんなことはないんです。前向きと楽観のようなポジティブな感情は、年齢とともに減るのかどうかを調べた心理学の分析がありますが、特には減っていない。年齢とともに利他的になり、ポジティブな心を持ち続ける高齢者は、もちろん幸せになっていきます。でも、ばらつきが大きいんです。

一方では、すごく不幸で、孤独で怒っている高齢の人もいます。これが現代の課題です。

企業社会の中で長く働き、会社を儲けさせることで地位を築き、リタイアした人というのは、利他の感覚が企業内だけに閉じているのかもしれません。自分が所属する企業を成長させれば、それでいいんだと思ってしまう。自分は企業に利益を与えてきたのだから、もうこれで十分なのだと……。

ただ最近は社会貢献やフィランソロピー、利他ということが認知されるようになって、優れた経営者も出てきています。そういう人の会社が長く繁栄しているのを見たり、また素朴に考えても、自分たちだけの利益を求める人と、みんなのために献身的になる人を比べたら、後者のほうがいい人であるのは明らかです。さすがに高度成長期的な考えだけでは何かがおかしいのではないかと人々が気づき始めています。

──リタイア前後の年代の人たちを見ていると、夫婦で旅行や趣味を楽しむのはよいのですが、寄付やボランティア活動など、社会に向けた活動をする人は少ないです。

前野　趣味はもちろんあっていいのですが、そこから思考が少し利他に広がると、より幸せになれるのです。それは幸せの第2因子である「つながりと感謝」に関係します。周囲の人に感謝する、人の喜ぶ顔が見たい、他人に親切にするなど、利他的な行為を行うと、幸せや癒やしのホルモンとして知られるオキシトシン（※2）が分泌され、確実に幸せになります。自分の幸せだけ考えていても、オキシトシン型の幸せは得られません。

※2 Oxylocin, 脳内の「視床下部」で生成され「下垂体後葉」から分泌されるホルモン。ストレス軽減や記憶力向上といった効果を発揮。「愛情ホルモン」「幸せホルモン」とも呼ばれる。

幸せの第1因子「自己実現と成長」は達成感につながるので、ここでは報酬ホルモンのドーパミンが分泌されます。趣味を追究して、自己実現につなげている人は、この部分がきっと強いかもしれません。さらに利他的行動を行って、オキシトシンが出れば、両方のバランスがよくなり、もっともっと幸福になれますね。

―日本フィランソロピー協会では「誕生日寄付」のウェブサイトを立ち上げて、自分の誕生日に寄付をしようという活動を行っています。海外でも昔から誕生日寄付は盛んで、先日、テレビでロンドンのスープキッチンを取材していて、その日のメニューはチキンシチュー。自分の誕生日だからと、チキンを寄付してくれた人がいたんです。こういう活動は素敵ですね。

前野　遠くの団体に寄付するだけでなく、スープキッチンのような繋がりを作る身近な寄付の形はいいですね。お互いさまという感覚です。よく考えたら、日本も昔は長屋に暮らす庶民が助け合って生きていました。

いまは盛んにプライバシーと言いますが、日本にはこれに相応する言葉がない。だからカタカナ語のままなんです。ところが高度成長の頃から、田舎風の過干渉が煩わしくなり、一億総中流になった頃から、助け合いは不要だ、お金で解決しようと考える人が増えてきた。それでうまくいけばよいのですが、いまは低成長の時代ですから収入が足らない、お金がない。本当なら助け合いに戻らないといけないんですね。でも人と人とのつながりがないから、なかなか実践できず、不幸になってしまった。

幸福学でいうと、多様なつながりがある人の方が幸せなんです。夫婦で趣味をやっているだけでなく、環境問題のために活動して、そこにも知り合いがいる。地域の問題に取り組んで、そちらにも知り合いがいる。家族4人が仲良しというだけでなく、地域の様々な人と仲良しの方が幸せです。友だちの人数が多ければいいというのではなく、多様性が大事。これはリタイアした人に関わらず、現役の人でも同じです。

日本人に必要なのは、「居場所」と「出番」

—いまの時代、「人様に迷惑をかけない」という発想で、つながりを作るというより、それぞれが断絶し、孤立している気がします。
前野　八十一歳になった私の母が、「最近、思いやりという言葉を聞かなくなったね」と言うんです。確かに、あまり聞かないですね。助け合いという言葉もそれほど出てこない。でも、お金を他人のために使った人、ボランティア活動をしている人、など、他者と何らかのつながりを作って利他的な活動をしている人の方が幸せで、ひとりぼっちで孤立している人は不幸せであるという幸福学の科学的根拠があります。

—孤立を続けてきて、どこからつながりを作ったらいいのか、わからない人も多いですね。

前野　難しい理論は必要ありません。例えば、挨拶をするだけでいいと思うんです。レストランで食事をして、ただ美味しさだけを楽しんだのでは利己的な行動ですが、そこでコックさんに「美味しかったです。ありがとう」と言う。感謝を伝える、ほめるということは、相手を喜ばせるし、やる気を出させます。まさに利他なんですね。バスを降りるとき、僕は運転手さんに「ありがとうございます」と言うようにしていますが、それも小さな利他です。

—すっと自然に声をかけるというのは、難しい場合があります。悶々と悩んで、電車で席を譲ることもできない。身体的反応がにぶくて、動けない人が意外と多い。

前野　電車で人に声をかけるのが苦手という人こそ、むしろ寄付がいいのではないでしょうか。いつでもできるし、気楽ですし、寄付は利他的な行為ですから、明らかに寄付をした自分自身が幸せになります。その人にとってやりやすい方法なら、挨拶でも親切行為でも、ボランティアや寄付でも、手軽にできることから実践したらいいですね。
また利他にも多様性があって、隣の人を助けるといった細かな部分で実践したい人もいれば、社会全体を見て動く人もいる。大きなお金を寄付する人も立派だし、心をこめた挨拶をする人も立派です。日本人の中にはつい他人を批判して、「あいつは抽象論ばかりだ」「小さなことばかりやっている」とか言う人もいますが、本当はみんながそれぞれ得意な方法で利他的行為を行って幸せになり、互いのあり方を尊敬しあえばいいんですね。お互いにリスペクトすることが大切です。

―どんな形でも、まず利他を一歩進めた人に対して、リスペクトすべきですね。そして、ほめる文化を作りたいですね。

前野　うちのゼミには様々な立場の学生がいて、それぞれ自分のテーマを持って研究しています。幸福学ですから、幸せな世界を作りたい人も来るし、一方で自分が幸せになりたい人も来る。幸せについて学ぶと、学ぶ本人も自然と幸せになります。
以前、鬱《うつ》を抱えて、自殺願望が強い人が修士課程に入学してきました。これは大変だと思っていたのですが、たった二カ月で、「私、鬱が治りました」と言うんです。一学年七十人で一緒に勉強をするのですが、みんなで助け合い、励まし合って学ぶんですね。その過程で鬱が治ってしまったと本人が言っていました。

―助け合いの効果ですね。そう考えると、今後の日本社会は意外とシンプルなことで、よくなっていきそうです。

前野　お互いに助けあい、ちょっと感謝しあえば、いい仲間になれます。それだけで幸せになれるし、鬱の人も相当、減るでしょう。いまの日本人に必要なのは、「居場所」と「出番」です。寄付をすれば、まさに居場所と出番が両方、手に入るのですから、幸福への貢献度は高いですね。

―自分たちが幸せになれば、おのずと社会も幸せになる。小さなことでも、結果として得られる幸せは大きいかもしれませんね。

本日はありがとうございました。

前野 隆司（まえの・たかし）

(Profile)
1962年山口県生まれ。
東京工業大学卒。同大学大学院修士課程修了。キヤノン株式会社勤務、ハーバード大学客員教授などを経て、現在、慶應義塾大学大学院システムデザイン・マネジメント研究科 教授。慶應義塾大学ウェルビーイングリサーチセンター長兼任。ロボット・教育・地域社会・ビジネス・価値・幸福な人生など、人類に必要なものを創造的にデザインするべく学問分野を横断して研究。日本における幸福学の第一人者。

一人ひとりが大切にされる社会を目指して

ロボットと福祉の現場から考える

日本大学文理学部
情報科学科助教
大澤 正彦 氏

社会福祉法人グロー（GLOW）
救護施設「ひのたに園」
御代田太一 氏

子どもの頃からの夢「ドラえもんを作ること」を追い続けて、現在、AI、神経科学、認知科学などを組み合わせた研究を進める大澤正彦さんと、滋賀県にある救護施設で、住むところや身寄りのない人の暮らしと自立を支援する御代田太一さん。

ロボットの開発と福祉の現場という異なる世界で活躍するお二人が、テクノロジーと福祉の関わり、これからの組織のあり方、ロボットとともに生きる社会のあり方について語りあった。

気づいたときには「ドラえもんを作る」ために生きていた……

御代田太一さん（以下、敬称略）　僕は大学在学中、障がい者と語り合う授業をきっかけに福祉の世界に関心を持ち、二年前に滋賀の社会福祉法人に就職をしました。普段は救護施設という場所で仕事をしています。障がいがあったり、ホームレス状態だったり、刑務所を出ていたり、いろいろなバックグラウンドで、住むところもなくて頼る身内もいないような人が、一定期間、支援を受けながら暮らして、次の生活に向けて準備をしていくような施設です。大澤さんはＡＩの研究者で、「ドラえもんを作る」ことを目指しておられると伺いました。そもそも、「ドラえもんを作ろう」と思ったのはなぜですか。

大澤正彦さん（以下、敬称略）　いつも聞かれることですが、一番困る質問でもあって。というのも、記憶がないくらい前から「ドラえもんを作りたい」と思っていて、気がついたときには、ドラえもんを作るために生きていた、というのが正直なところなんです。

大澤 正彦 さん

御代田 太一 さん

だから、自分がドラえもんの何に惹かれ、どうして作りたいと思ったのかは、自分にもわからない。なんでご飯を食べたいのか、なんで寝たいのかと聞かれているのと同じくらいの感覚です。理由がないからこそ、そういう自分がどう社会と関わっていくかについて、早くから考えてこられたのだと思います。

御代田　理由を問う必要がないくらい、自然なことだったんですね。いまでもドラえもんのアニメとか、ご覧になるんですか。

大澤　毎週、録画して見てます。娘と一緒に見て、ドラえもんを好きになってくれるかなと密かに期待しています（笑）。

御代田　娘さんにまで……（笑）。大澤さんはドラえもんを作るために、子どもの頃から何か行動していたのですか。

大澤　小学生のときから、大学が主催しているロボットセミナーに通っていて、深く考える前に行動していた感じですね。

御代田　なかなかいませんよね。大澤さんほど、ゴールが明確な研究者って。

大澤　ドラえもんを作り終わったら、僕はきっと研究者を辞めています。ドラえもんを作るために研究者になったので（笑）。

人間の赤ちゃんを育てるように社会全体でロボットを育てる

御代田　ドラえもんが完成するまで、三年後、十年後、三十年後には、ここまではたどり着いているだろうというイメージはあるんですか。

開発中のミニドラのようなロボット

大澤　技術的なロードマップは徹底的に引いています。

ざっくり言うと、いまミニドラみたいなロボットを作ろうとしています。「ドラドラ」としかしゃべれないけれど、完璧に人とコミュニケーションできるロボットです。そこからスタートして、語彙《ごい》を増やしていく。それは子どもが言語獲得していく順番と、ぴったり同じです。例えば「パパ」「ママ」しか言わなかった子どもが「パパ大好き」「ママ抱っこ」と話し出すような感じです。まずミニドラを作り、その赤ちゃんロボットをドラえもんに成長させるというストーリーを描いています。子どもを育てる感覚で、みんなにロボットを育ててもらい、そこで生まれた声を開発にフィードバックして、また世に送り出して……、というループの中で、ドラえもんが育っていって完成するというのが、僕の描いている大まかなロードマップです。

御代田　社会全体でロボットを愛しながら育てていくという発想なのですね。

一人ひとりの顔を思い浮かべ福祉の現場で、ロボットを活用したい

御代田　大澤さんの研究はいろいろな分野で活用の余地があると思いますが、福祉分野での活用については、どう思われますか。僕自身、いま自分が働いている現場の中で、ロボットが人の暮らしを変えることにどう繋がっていくのか、なかなかイメージしきれていません。

大澤　むしろまずは、福祉の分野で活用してもらえることが理想的なストーリーです。自分自身も福祉には関心があります。リハビリテーション病院にロボットを出展したり、個人的に、児童ボランティアをずっとやっていたので、子ども向けのイベントに積極的に出して、子どもたちに触れてもらったりとかもしています。ただ研究者の中には、研究の応用先を聞かれると、現場の人の顔を思い浮かべないままで「とりあえず福祉」と都合よく福祉が利用されていることには、強い違和感があります。

僕たちのプロジェクトでは、福祉の現場の人たちが実践しているように、一人ひとり幸せにした

いと人の顔を思い浮かべながら研究開発を進められるよう最善を尽くしたいと思っています。

ロボットと触れ合う子どもたち

ウニのような組織「全脳アーキテクチャ若手の会」でアイデアを具現化

御代田　受け入れ側の福祉にもまだまだ課題はあります。解決できるアイデアは意外に近くにあるのに、長年続いてきた方法への慣れや固執が停滞を生んでいる面も感じます。「まだこんなやり方しているの??」と思うこともしばしばです。

大澤　それは福祉だけじゃなくて、あらゆる領域に共通します。どうしても自分たちの領域から踏み出せないがゆえに、もっと広い視野で見れば、こんなに簡単に済むことなのにということが、たくさんあります。そういう問題を、一つずつ解決したいなという思いで、六年くらい「全脳アーキテクチャ若手の会」というコミュニティをやっています。最初は知能研究に関係がある人たちの会でしたが、いまでは小説家、会計士、弁護士もいれば、ダンサーや介護士もいます。
自分の分野だけにとらわれないで、いろいろな人と繋がりながらやろうとなった途端、アイデアがどんどん進んでいくんですよ。

御代田　「全脳アーキテクチャ若手の会」では、どんな活動をされていらっしゃるのですか。会員は2500人を超えると聞きました。

大澤　全国に支部を持ちながら、高校生支部と社会人支部も作って、それぞれ自由に活動しています。唯一の会の方針は、会の方針を定めないこと。というのは、何年か前から、ウニみたいな組織を作ろうと、僕は言っています。
組織全体の価値軸に従って全員が動いていく、それがいまの大企業の組織運営の典型だと思います。「全脳アーキテクチャ若手の会」の場合は、これまでの組織とは違って、所属する意味や目的を個人が決め、「こんなことがしたいから誰か協力してくれませんか」というと、コミュニティの中で自然と協力してくれる人間関係が生まれていく。面白いアイデアに人が集まりどんどん具現化されていく、というコミュニティができています。

御代田　加入の条件は？

大澤　何もありません。入りたいのに入れなかったという人を生み出したくない。誰でも入ってこられるし、誰でも自分らしさを出して、相乗効果を上げるようなコミュニティを作ろうというのが、自分の取り組んできたことです。

御代田　すごく参考になります。福祉の分野でも、想いを持って活動している人は日本中にたくさんいますが、同じ現場でルーチーンワークを繰り返していると、消耗していく感覚がどうしてもあります。だからこそ、自分の仕事場や法人を超えて、緩く繋がって、そのコミュニティにいる目的や理由も自分で設定できるという環境が欲しいですね。そうした繋がりの中で得る刺激や出会いが、自分の日々の仕事に与える影響も大きいはずです。

多種多様な個性を集結し「チーム力」で世の中を変える

御代田　大澤さんの作っているロボットは、単に便利で高性能なものを目指すのではなく、ロボットのおぼつかなさをあえて前面に出して、人間との豊かなコミュニケーションを生み出すことを模素していますよね。それが面白いし、可能性を感じます。

大澤　そうですね、自分たちがロボットだけを作っていたら、こういう発想にならなかっただろうと思います。分野の壁を越えて繋がることで、「人工知能だけじゃなくて人の知能を知ってみようよ」とか、「人工知能ってこう思われているけれど、実はこうだよね」とか。さらに広く、社会ってどうなっているんだろうとか、こういう人たちはどんな思いでやっているんだろうと、広く見ていくと全体感がつかめてくる。そうするといままで見えていなかった、本質的なものが見えてくるのだと思います。

御代田　そのような研究のフィールドとして日本大学を選ばれたのは、どんな理由があったんですか。

大澤　日本大学文理学部は、一つのキャンパスに多種多様な18の学科があるからです。そこで、一体になったチームが作れたら、世界を変える出発点、起爆剤になるのではないかと思っています。福祉や介護をよりよくするために、どんな技術があればいいかとよく聞かれます。でも、実はすでに福祉や介護が抱える課題を解決できる技術って結構あるんです。技術そのものは揃っているのに、できていないとすれば、人同士の繋がりがないことが一つの要因ではないかと思っています。それぞれの価値を見つけられるようになったら、世界が変わるきっかけになると思います。

大学に着任して思ったのは、日本大学には、やる気のある子もいれば、やる気がない子もいて多様な状態ですが、一人ひとりの子が、すごい個性を持っています。例えば、調べることが好きで、好きなプロのスポーツ選手だったら、何年のホームラン数が何本とか全部言えます。「そんな特技があるの、すごいじゃん」と興奮したのですけど、「こんなの、何の役にも立たないんで」と真顔で言うんですよ。そういう子どもたちが、こういう軸が好きだから、これをとことんやったら、世の中で活躍していけるし人のためにもなれる、と自分の価値を見つけられるようになったら、ほんとに世界が変わるきっかけになるでしょう。

御代田　自分にとっての価値基準が変わる、という意味では、僕は中学から、私立の中高一貫校に通っていたので、同質的集団の中で、中学から大学までの十年間を過ごしていて、それが世界だと思っていました。けれども、大学で障がいのある人と出会い、話を聞いて一緒に酒を飲むうちに、自分の会ったことのない人が世の中にたくさんいることに気づき始めて。自分が卒業したときに、まず、何をしなくちゃいけないのかと考えて、就活のタイミングで、自分が会ったことのない人がいっぱいいる救護施設という場所を選んだのです。自分の中の価値が変わったタイミングでした。

大澤　救護施設に行ってみて、どうでしたか。

御代田　ほんとに、びっくりしました。「世界仰天ニュース」という番組があるけれど、あそこに出てくる人がたくさんいるような。記憶喪失の状態で警察に保護されて、名前すらわからないままの状態でいる人とか、少年院や刑務所から罪をつぐなって出てくる人とか。特殊詐欺で何千万円という被害にあった人と、オレオレ詐欺で2500万円を騙しとった過去があるお兄ちゃんなど、様々な人たちと世間話をしながら同じテーブルでご飯を食べています。社会から排除された人々が、紆余曲折を経て、被害側になったり加害側になったりしながら、最終的に集まってくる場所という感じです。

大澤　コロナの影響はありますか。

御代田　景気の悪化に伴って入所依頼が増えていますね。これからどんどん増えると思います。

最近もパチンコ屋の休業要請に伴って、パチプロで生計を立てていた人が入所してきました。いままで福祉の支援の対象として、本人も僕らも想定していなかったよう

「ひのたに園」で利用者と語る

な人も、福祉が関わらないといけない状況になってきた感じはあります。いま個人的に、入居者に生い立ちを聞いているのですが、皆さん本当にいろいろな話をしてくれます。人生いろいろという感じで。

大澤　普通は支援対象としてしか見ないけれど、一人ひとりが同じ人間として、関心を持ってもらうことは心をひらくきっかけになります。嬉しいでしょうね。

「村」のような緩くて温かいコミュニティを世の中に提案

御代田　日本大学で多種多様な学科や人材に囲まれながら、現在、どんな研究をされているのですか。もっといいプロダクトを作ろうという感じなのか、プロダクトを社会に広めていくことにエネルギーを注いでいらっしゃるのか。どんなベクトルで動いているのですか。

大澤　先ほどお話ししたロボットのことでいえば、このデザインで、もっとよいインタラクションを生み出すには、どうしたらいいかなど、学生と連携しながら実験を繰り返しています。また、いままで研究はしていなかったけれど、組織やコミュニティを作ることに、自分たちの強味があるのではと思い、それを理論にして、みんなが使える形で広めようというプロジェクトが大規模に動き出しています。

御代田　コミュニティの作り方を理論化する、ということですか。

大澤　そうです。自分たちが強味としていた、人の知能とかインタラクションとかという研究成果と、既存の組織論を組み合わせて、次の時代の組織というものを作っちゃおう。それは、自分たちが囲うモノではなくて、こういう組織のあり方もありですよね、と世の中に提案していくことを考えています。

御代田　組織そのものは、あった方がいいと思っていますか。

大澤　僕は、組織というより「村」を作りたいといっています。村って、ある価値軸における、組織の究極系だと思っています。村にいても、何かに縛られているわけじゃない。だから、いろいろな人が住んでいて、野菜づくりが得意な人がいたり、大工仕事が好きな人がいるおかげで、美味しい野菜が食べられるとか、家が壊れても直してもらえるとか、緩くて温かい繋がりがある。それを現代に持ってきたいと思っています。

それがうまくいけば、ほんとに一人ひとりを大切にできる時代にさせられるんじゃないかなと。一人ひとりを大切にしようね、というだけじゃ変わらないけれど、それが最適化された社会になった途端、世界ってすごいスピードで変わっていくはずです。

不寛容な世の中を壊すのではなく不寛容自体を、寛容な社会で包み込む

御代田　社会の構成員それぞれの目的を、大切に思いながら、応援したり、されたりという関係性ですね。その中に、ロボットもいる。人間とロボットが関わる中で、人間の側の心も変わっていくのでしょうか。

大澤　絶対にあると思います。少なくとも、僕は信じています。教えられるより、教えるほうが学習効果が高いという話は有名じゃないですか。ロボットを愛することを通して、愛を育むことがあるはずで。自分がそうやって愛を注げる対象があることで、愛を注がれるっていう関係性は相互に

ある気がしています。

御代田　将来的には、そういうことが、もっと広く議論されるようになっているといいですよね。エージェントを介して、もっと豊かな心を保つとか、福祉の現場で応用するとか、十分な愛を受けてこなかった人が生き直すためのきっかけに、ロボットやエージェントがどう関わるかみたいな。まだまだ、具体的なイメージを持てないですけど、社会全体の設計においても、対人援助の場面でも、そういうことをもっと言葉にしていきたいなと思います。

大澤　人は本来、心と心で繋がっていたはずですが、関わる人が増えれば増えるほど、心と心で繋がっていない関係が増えてしまっています。僕らの技術は人とロボットを使って、心と心を繋げることにチャレンジしているので、それをきっかけにして、人と人の心を繋げる関係も改善できると思っています。不寛容な世の中を壊すことではなく、不寛容自体を、寛容な社会で包み込むような、そんなことにチャレンジできたらいいですね。

御代田　寛容さで包み込まれた「村のような社会」が実現している姿を実際に見たいですね。それを楽しみにしています、是非、またお話ししたいですね。

大澤 正彦（おおさわ・まさひこ）

(Profile)

1993年生まれ。東京工業大学附属高校・慶應義塾大学理工学部を首席で卒業。同大学大学院理工学研究科博士課程修了。2014年設立「全脳アーキテクチャ若手の会」は日本最大級（2500人）の人工知能コミュニティに発展。孫正義育英財団財団生。認知科学会で認知科学若手の会を設立・代表就任。人工知能学会学生編集委員。2020年4月から日本大学文理学部で研究室を主宰。

御代田 太一（みよだ・たいち）

(Profile)

1994年生まれ。東京大学在学中、障がい者と語り合う授業をきっかけに福祉の世界に関心を持ち、訪問介護ヘルパーや精神科病院の実習を経験。社会福祉法人グロー（GLOW）の 救護施設「ひのたに園」に勤務。救護施設には、生活困窮者、ホームレス経験者、刑務所出所者、精神科病院退院者、アルコール依存症者、被虐待経験者、外国人、高齢障がい者などが入所。介助や、地域での生活に戻るための支援もする。

「共感」を起点に、ヒューマン・セントリックな社会を復権

「生物として生きる」だけでなく、「善く生きる」ことで未来が拓ける

一橋大学名誉教授　野中 郁次郎 氏
大阪大学総長補佐
社会ソリューションイニシアティブ長
大学院経済学研究科教授　堂目 卓生 氏
ファシリテーター
（日経BP日経ビジネス副編集長）　広野 彩子 氏

アダム・スミスの旧宅でのカンファレンスで「利己」と「利他」の両立を宣言

広野彩子さん（以下、敬称略）　日本発の独創的な知識創造経営理論を提唱された、日本を代表する経営学者・野中郁次郎・一橋大学名誉教授と、アダム・スミス研究で第一人者の経済学者である、大阪大学大学院経済学研究科の堂目卓生教授。株主資本主義や自国優先の貿易摩擦により、格差の拡大、社会の分断、気候変動などの問題が生まれる中で、社会課題の解決と経済の両立が議論されています。本日はそれぞれのお立場から、資本主義を再生するために企業経営が目指すべきことは何か、このような時代に生きる我々が未来をよくしていくため、どのような社会を目指していくべきかなどについてお話しいただけますでしょうか。
実はお二人は初対面ではないということですね。

堂目卓生さん（以下、敬称略）　昨年（二〇一九年）、野中先生が主催されているナレッジフォーラムに招待いただき、話をさせていただきました。

広野　どのような内容のお話でしたか。

堂目　アダム・スミスの思想についてです。『国富論』と並んでもう一つの有名な著作『道徳感情論』の人間観・社会観が中心でしたが、その後、十九世紀にジョン・スチュアート・ミルがスミスをどう受け継ぎ、さらに、スミスの現代的意義を再評価したノーベル経済学賞受賞者のアマルティア・センがどんな社会を構想したかなど、経済思想の流れをたどり、最後に、持続可能な共生社会を構想しその輪を広げていくために、現在、私が大阪大学で活動している「社会ソリューションイニシアティブ（SSI）」について紹介させていただきました。

野中郁次郎さん（以下、敬称略）　二〇一九年七月に、イギリス・エジンバラにあるアダム・スミスの旧宅でカンファレンスがあり、そこに私が招聘されました。そのカンファレンスに行く前に、堂目先生からアダム・スミスの話を伺ったわけです。

カリフォルニア大学バークレー校ハース・スクール・オブ・ビジネスのデビッド・J・ティース教授（専門 ダイナミック・ケイパビリティ論）、オックスフォード大学シニアフェローのニーアル・ファーガソン氏（専門 経済史・金融史）、同校セント・ジョンズ・カレッジ・フェローのジョン・ケイ氏（専門 経済学）などが主催者となり、世界各国から学者、政治家、企業家など３００人が集まりました。

広野　まさに世界の知が集まったのですね。十八世紀のアダム・スミスの思想と現代資本主義や企業経営がどのような文脈で繋がっていったのでしょうか。

野中　カンファレンス当日は、「新啓蒙主義（The new enlightenment）」と称して、現代の資本主義に対する危機感をふまえ、自国利益を優先する「新重商主義」が世界に広まりつつある中、グローバルな秩序を資本主義の中にいかに再構築していくかなど、参加者が皆で議論して最後に声明を出しました。

声明の内容を私なりに総括すると、以下の三つになります。

野中 郁次郎 さん

（1）株主価値最大化の否定

アダム・スミスの『国富論』で提示された「見えざる手」の自由放任主義のもと、利益追求行動の部分だけが独り歩きして、行き過ぎた株主資本主義をもたらし、企業はＲＯＥ（Return On Equity: 自己資本利益率）の追求に走るようになってしまった。これは結果として株主価値を破壊する。

（2）顧客第一主義

「事業の目的とは顧客の創造である」と述べたピーター・ドラッカーのいわゆる顧客第一主義が、重要となる。会社の利益は顧客に価値を届けた結果にすぎない。顧客、市場、環境などの変化が予測できない時代においては、ダイナミック・ケイパビリティやアジャイル・マネジメントが企業の生き残りの鍵になる。

（3）従業員の復権

企業が株主価値を追求しすぎて、従業員の尊厳が奪われてきた。経営学では従業員のことを「人的資源（Human resource）」という言葉を使っているが、本来、人間は使い捨ての「資源」ではなく、むしろ資源や価値、知識を作り出す創造主体である。知識が資源となる社会において、従業員によるチームワークの重要性は高まり、ヒューマン・セントリック（人間主体）な企業経営を復権させることが求められている。

今回、わざわざアダム・スミスの旧宅を会場にしたというのは、彼の最初の著作『道徳感情論』で示された道徳観、倫理観がネグレクトされ誤解されてきたスミスの思想を正しく認識し、再発見しようとすることに改めて注目したからです。スミスの道徳論をどうやって「資本主義の再構築」の中に統合していくか……。カンファレンスで取り交わされた議論の深層部分には、「他者に対する共感」がありました。資本主義が抱えている現状への問題を克服していくためには、これからの企業経営は、長期的視野に立ちながら「利己」と「利他」を両立させ、コミュニティの幸福に対する道徳的コミットメントを尊重しなければなりません。

人間の生き方が入ってこない経営学は無意味である

広野 記者として二十年ほど経済界を見ていると、経営環境が劇的に変化しているのを肌で感じます。また、二〇一五年に国連でＳＤＧｓ（持続可能な開発目標）が採択され、その頃から、企業経営の潮流は、ステークホルダーをより重視する経営へと急速に変化してきた印象があります。

堂目 企業経営者だけでなく、私たち学者も国内外の様々な社会課題に向き合わないといけないと考えていて、私は、大阪大学の中に「社会ソリューションイニシアティブ（ＳＳＩ）」というシンクタンクを立ち上げました。そのときに、「堂目さんのやることは、ＳＤＧｓの推進ですか」と言われました。二〇三〇年をゴールとするＳＤＧｓのような取り組みもよいのですが、ＳＳＩは、より長期的に、二〇五〇年、二一〇〇年のことまで考えたいとのスタンスで取り組んでいます。

堂目 卓生 さん

ここで「資本主義」の本質を考えるために、少し歴史を振り返って見ます。

十八世紀のアダム・スミスは「キャピタリズム（資本主義）」という言葉は使っていません。またキャピタリストという言葉も使わず、ミドルクラスと言っていました。十九世紀の有名な社会主義者カール・マルクス（科学的社会主義の提唱者。資本主義批判としての経済学体系を『資本論』にまとめた）の登場で、「キャピタリスティック・プロダクション（資本主義的生産）」という言葉が使われるようになり、やがて「キャピタリズム（資本主義）」が定着します。このように、本来、「キャピタリズム（資本主義）」とは、資本主義を理想的な制度と考えた人たちが使った言葉ではないのです。

マルクス主義の根底には、「人間の利己心は、自分さえよければいい、自分の持っているものが豊かになって欲しいという方向で際限なく進む。結果としてキャピタル（資本）が主人となり、人間が従属する仕組みが生まれる。それゆえ私的所有を停止しない限り労働者は疎外され続け、ヒューマナイジング（人間のために作られる制度）は完遂しない」という考え方があると思います。

ところが、マルクス主義で社会制度を構築した旧ソ連邦のような国々がうまくいったかというと、一見、キャピタルによる労働者の搾取からは逃れたように見えますが、今度はトマス・ホッブズのいうリバイアサン、国家権力に絡め取られて、抑圧と政治闘争を繰り返して崩壊してしまった。私は歴史をそう捉えています。

話を戻しますと、私がＳＳＩで試みているのは、私的所有を認め、個人の自由も認めながら、しかも国家権力に絡め取られないようにしつつ、キャピタルをソーシャライズしようという、歴史上、何度目かの反乱といいますか、レボリューションといいますか（笑）。人間性を回復するための挑戦に取り組んでいます。

野中　経営学の分野でも、ある意味、堂目先生と流れは一緒です。ただマネジメントというのは、銭儲けをしないといけない。どうやってグッドマネーを獲得するかということです。ＳＤＧｓもそうですし、最近は日本の経営学者もＲＯＥでは具合が悪いので、ＲＯＥＳＧ（ＥＳＧスコアとＲＯＥを使って企業を総合評価する手法）などと言い始めていますが、あれも所詮、物まねで演繹的思考がもとになっているんですね。堂目先生も反乱分子の一人だと思うのですが、我々も反乱分子という言葉に共感します。

「人間の生き方が入っていない経営学は無意味である」という立場で、カリフォルニア大学バークレー校ハース・スクール・オブ・ビジネスの仲間たちと一緒に研究活動を続けています。

「人間中心の企業経営」のよさを日本から世界に発信する

野中　もう一つ、常々考えていることは、日本の企業経営のよさというものを、世界にアピールしていくべきだということです。例えば、伊藤忠商事が新しい企業理念として「三方よし」を掲げています。「売り手よし」「買い手よし」「世間よし」ということで、社会によい循環を生み出すわけです。また清水建設はかつての相談役であった渋沢栄一の考えである「論語と算盤」を社是としてきました。

このように、日本の経営は、長い伝統の中で「人間の生き方」がベースになっています。ROEだ、SDGsだといったところで、現象を演繹的に捉えるやり方では腹落ちしないのです。人間の生き方として「おまえは何のために生きているのか」という根源的なところから考え始めなければ、単なる空理空論になってしまう。「三方よし」にしても「論語と算盤」にしても、日本にオリジンがあるものなら主体的に世界へ発信し、こちらからイニシアティブを取り、改めてSDGsに統合していくことが重要です。

広野 彩子 さん

ところが一九九〇年代以降、日本企業はアメリカ流の分析的経営に過剰反応して、自社の存在意義が見えなくなってきているんですね。オーバー・アナリシス（分析過剰）、オーバー・プランニング（計画過剰）、オーバー・コンプライアンス（法令遵守過剰）という、三大疾病に陥って、組織が疲弊し、日本的経営のよさが劣化してしまった。もっと大きなコモングッド（万人に開かれた普遍的な善）に向けて、人間が本来持っている野性味、創造性などを解き放つ必要があります。

堂目　学術の分野でも、日本の場合は道徳と経済がずっと切り離せない関係にあります。明治以降、アダム・スミスやジョン・スチュアート・ミルなど西洋の経済学がどんどん入ってきましたが、福沢諭吉をはじめとする学者たちは、それを学生に教えるとき、必ず道徳をセットにするのです。スミスの『国富論』にしても、『道徳感情論』と一緒に読むべき書物と考えられ、日本の研究者にすれば、それが常識でした。しかし西洋では「二人のアダム・スミスがいる」と考えられるようになりました。『国富論』と『道徳感情論』は別物という考えです。

戦前・戦中、思想統制が厳しくなると、マルクス関係の書物は読めなくなります。市民革命を望む人や、平等な社会を創りたい人は、自由主義であるアダム・スミスを読み始めます。その際、『道徳感情論』を市民社会の思想的基礎として読むんですね。ネットワークのある市民社会を創った上での自由競争があり得るのだと捉えるわけです。

これまで私はアダム・スミスを研究してきましたが、西洋の解釈を単に追いかけるのではなく、日本の研究者が解釈してきたスミス像を再検討し、それをどうやって活かしていくのかを考えてきました。日本の先駆的な研究の多くは、残念ながら日本語でしか出版されなかったので、世界へのインパクトは大きくないのですが、今後は、学術的にもう少し自信を回復し、日本ならではのものを、世界に向けて広く発信していくべきではないかと思います。

人間の身体的な本能である「共感」から始まるSECIモデル（日本発の知識創造理論）

広野 高度成長期に日本がアメリカを超えそうだといわれていたとき、欧米は危機感から日本の企業経営を徹底的に分析して再現可能な「形式知」にし、もう一度日本を追い越したという話を、海外の多くの経営学者から伺いました。もともと日本にあったよいものを欧米が取り入れ、日本人が

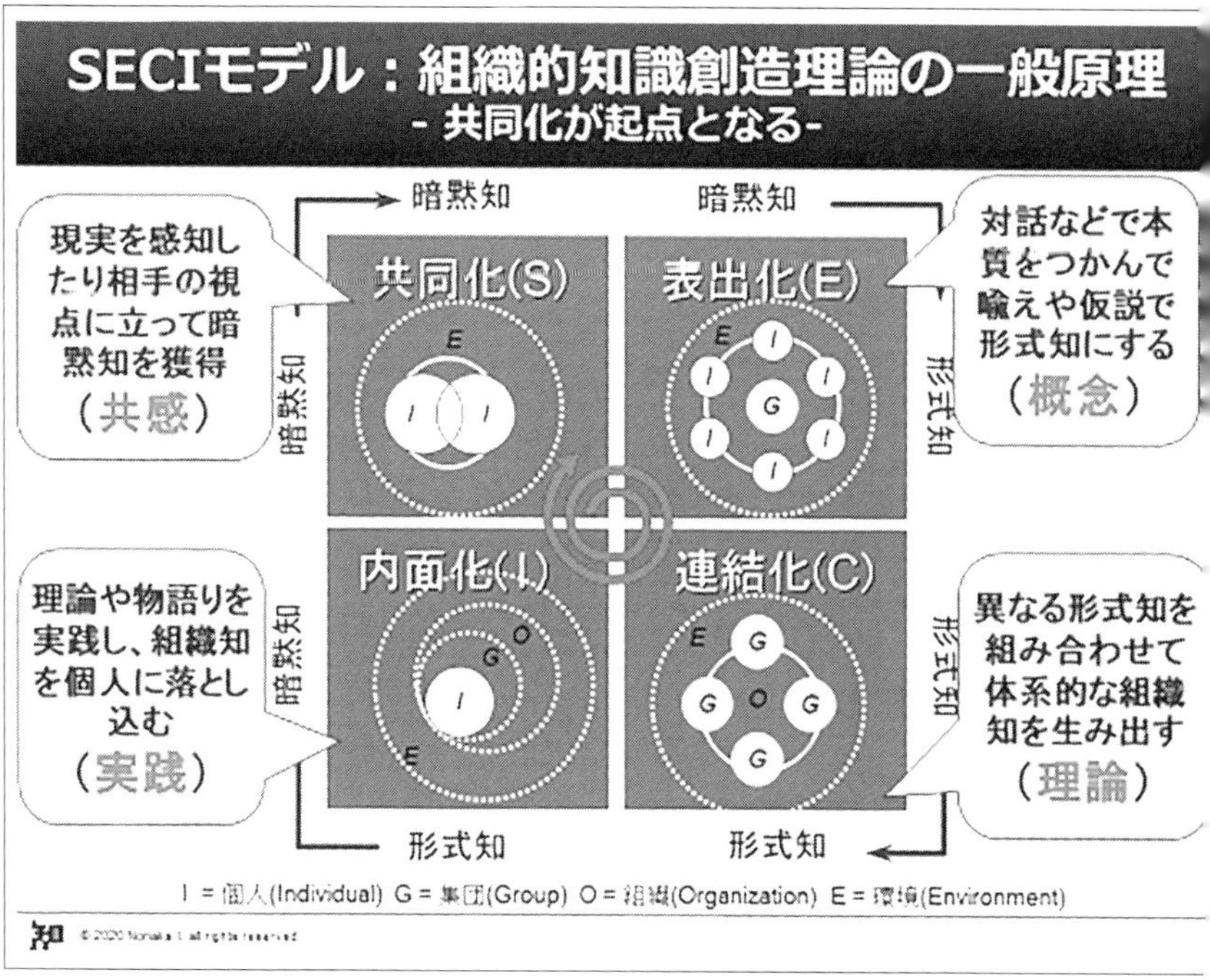

SECI モデル

忘れた頃にそれが戻ってくる。心理学でも似た話を伺ったことがあります。そんな中、野中先生はSECIモデルという、まさに日本人によるオリジナルな知識創造理論を世界に提唱されましたね。

野中　個人、集団、組織のレベルでいかに暗黙知と形式知の相互変換により、組織的なイノベーションを起こすかというダイナミック・プロセスをモデル化した「SECIモデル（※1）」は、基本的には日本企業の中で九年間働いた自分自身の経験がベースにあります。

　重要な点は、SECIモデルが「共感」から始まることです。

　絶えず変化する社会では、現場での直接経験を通じて、人、モノ、環境すべてに全身全霊で共感し、新しい意味や価値

※1 SECIとは、共同化（Socialization）、表出化（Externalization）、連結化（Combination）、内面化（Internalization）の頭文字を取ってつけられた名称

を直観します。その中で「暗黙知」が生成されていきます〔「共同化（S）」〕。この暗黙知を、共感が成立した関係のもと、徹底的な対話を通じて意識化・言語化し、概念、仮説などを創り、「形式知」にするのです〔「表出化（E）」〕。さらに、必要に応じてAI（人工知能）も活用しながら、他の異なる形式知と組み合わせ、体系的な組織知を生み出し〔「連結化（C）」〕、最後は、徹底的に個人レベルで組織知を身体化して実践し、やりぬく〔「内面化」（I）」〕。

まさに暗黙知と形式知の両方を総動員するプロセスをダイナミックに回し続けることで、新しい知が持続的に生み出されていくのです。

この考え方を最初に採用したのが製薬会社のエーザイです。アルツハイマー型認知症の治療薬の開発で、社員が認知症病棟実習をしました。認知症患者は短期記憶がないので、彼らの中から世界がどう見えているのかわからない。そこで、実際に現場に入って肌で感じようということで始まりました。

何も話せない人と一日一緒にいて、どうコミュニケートするのか。患者やその家族と共感するところからはじめて、互いに文脈を共有し、プロジェクトメンバーが集まってがんがんやる。この知的な対話を通して、アブダクション（仮説生成）が行われているんですね。これを市民フォーラムやグローバル展開など、あらゆる手段を使って組織の知へと洗練させ、研究会活動やプロジェクト活動を通して徹底的に実践する、という、サイクルを持続的に回し続けています。

堂目　野中先生は「暗黙知」、「形式知」という形で「知」という言葉を使われています。「知情意」

という言葉があるように、人には知以外に情があり意思があります。「真善美」という言葉を使えば、真が知、善が意、美が情と言い換えられます。サイエンスのような「真／知」はもちろん必要ですが、むしろ日本人は、良いか悪いかの主観が入る「善／意」「美／情」を大切にしてきたような気がします。先生の言われる「暗黙知」の領域の部分だと思いますが、もう少し掘り下げてお話しいただけますでしょうか。

野中　我々人間は、最初に演繹的なモデルありきで生きてはいません。「暗黙知」というのは、無意識も含めた経験知です。「おまえに現実がどう見えるのか」という、まさに主観的である、感性そのものです。そこから、ものごとを普遍化・客観化するのですね。

エーザイの事例に取り組んだとき、「ＳＥＣＩモデルで一番重要なポイントは共感、共同化（Socialization）だろう」と、現場でわいわいやってみて、そのことがだんだんわかってきたのです。そういう意味で、人間の生き方というのは、「いま・ここ」で何を直感しているのか、それが暗黙知の本質的な根源なのです。

科学的な方法論では、意味づけ、価値づけという問題をすべて客観化してしまうのですが、生きている人間は、その前に、「いま・ここ」を生きている。まさに暗黙知であり、身体全体で世界を認識しているということです。

アリストテレスは『ニコマコス倫理学』の中で、実践的知恵「フロネシス」を提示しました。「フロネシス」は、個別具体的な場面の中で、全体にとっての善を実践していくために、最善の意思決定やどう行動すべきかを見出す能力のことです。我々が生きていくことを考えると、何がグッドなのか、つまり真善美が入ってくるわけで、そのときに発揮されるリーダーシップの原点が「フロネシス」です。「フロネシス」は、深い倫理観、社会観、美的感覚などに基づく判断・行動ですから、「生物として生きる」だけでなく「善く生きる」という人間社会の成熟も求められるのです。

広野　ギリシャ哲学の「暗黙知」はまさに「共感」から始まりますが、アダム・スミスの考えた「共感」はどのようなものだったのでしょうか。

堂目　アダム・スミスが述べている「共感」には二つあります。

一つは、自分が相手の身体の中に乗り移って相手の目でものごとを感じる、もちろん相手の頭の中に100%入ることはできませんが、想像力で入るような感覚です。

もう一つは、例えば自分と誰かが何かを交渉したとき、相手に共感し、相手の立場に立って考えるのと同時に、自分と相手の二人を客観的に見ている利害関係のない第三者としての「公平な観察者」の見方を想像し、自分・相手・第三者の三つの目を組み合わせて遠近感を獲得します。つまり、「公平な観察者」の視点から見ることによって、相手と自分のどちらが無理を言っているのか、どちらがもっともなことを言っているのか、が見えてくるのです。そして、自分の感情や行為に対して、胸中の「公平な観察者」から是認されれば安心し、反対に否認されれば、間違った行為をしたのではないかと不安になるのです。

野中　我々の言う暗黙知という共感には、堂目先生がおっしゃるように、二つの種類があるのです。共感を英語で言うと、エンパシーまたはシンパシーですが、それぞれ意味が違う。エンパシーとは、相手を良いか悪いかなど判断する以前に、無意識の状態で相手になりきってしまう。「お互い、同じ人間ではないか」という本能のような共感です。

このエンパシーを意識化し、相手に同意できるかできないかを、自分の心の中の第三者が客観的に判断し、答えを出す。これがシンパシー。「同感」に近い意味合いですね。アダム・スミスの場合はシンパシーの段階を言っているのではないかと思います。我々は、このエンパシーとシンパシーの二つを合わせて、共同化（Socialization）と言っているのです。

フェイス・トゥー・フェイスで、心の中にいったんエンパシーができたら、ディスタンスは問題ではないんです。遠くに離れていても、相手のことはわかるので、この段階に入れば、コミュニケーションをデジタル化してもかまわないでしょう。しかし、最初からデジタル化してしまうと、共感は生まれない。共感というのは、無意識も含めて、いわば人間の身体的な本能なのです。

「共感の二面性」「共感の範囲」という残された課題

堂目　共感によって変革できる社会の範囲について考えていくと、そこには共感の二面性があるように思います。

スミスが始終、気にかけていたことですが、人間としての根本的な共感はもちろんあるのですが、その社会の中でどうしても言語や文化が同一のもので集まっていく。同じトライブ（tribe 部族）の仲間だなと思うと、「迷惑はかけられない」とか、「仲間からそういう目で見られるといやだな」と思えて、自分の意向をちょっと抑える。そうした共感、同感を繰り返す中で、慣習ができて、それが法になって、共同体の秩序が保たれます。

これをしない集団は弱い集団になってしまうので、自然淘汰の中で、共感力のある個人の割合が多い集団が生き残っていくのですね。

ところが、集団と集団との争いになると、今度は「私と私たち」でなく、「私たちと彼ら」の問題が出てきます。私たちが生き残るために作られた法や秩序というのは内に向かうときはよいのですが、外に向かっていくと、非常に敵対的で攻撃的になってしまう。この状態というのは、昔から、そして現在でも、国際紛争や宗教紛争など、あらゆるところで見られます。これをどうやって乗り越えるのかというところが問題になってきます。

集団間の差異を乗り越えて、何が本当の正義なのかを知るためには、まさしく「相互主観」(※2)で交流しなければなりません。例えば、LGBTへの差別撤廃に対して、西洋的価値の押しつけだとして反発している国もあります。理性で解決できるということには、まったくなっていません。結局、我々が何十年、何百年かけて実際に交流する中から、見つけざるを得ないのです。

野中　ベトナム戦争のときに国防長官だったマクナマラはハーバード大学でMBAを取得した徹底的理論分析派で、相当の実力者だったのですが、アメリカはベトナムに負けてしまいました。彼は亡くなる直前になって、回顧録に「なぜ負けたのか」を書き残しています。敗因は、ホーチミンが何を考えていたのかということを、あまり重要視していなかったからでした。ホーチミンの基本的な動機は、命がけで国の独立を守るというもの。マクナマラの場合、絶えず判断のベースに理論分析が先行し、「民族独立」というホーチミンの動機、目的(パーパス)を読めていなかった。相手の視点に立てなかったというのが、彼の最後の反省の言葉でした。

論理分析派は二項対立で、分析的に対象化していきますが、しかし背後に哲学がないのです。我々にとって、対立項というのは文脈ごとに動いている。対立する両極の真ん中で単に妥協するのではなく、いまここで、両極を視野に入れながら、コモングッド実現のためにどのバランスがちょうど

※2 フッサールの用語。複数の主観の間で共通に成り立つこと。事物などの客観性を基礎づけるもの。

いいのかをどう判断するのかというのは、その都度、変わってくるわけです。
やはり損得を抜きにした本当の真剣勝負の中で、知的格闘を続けながら、「我々の主観」である相互主観というものを生み出す。これは確かに難しい課題ではあるのですが、全体のバランスを取りながら、やはりその場その場で何がグッドかという形でやらざるを得ない。そこに思想や生き方が入ってこないと、我々がいま、直面している問題を乗り越えられないという感じがします。

広野　二〇一九年のノーベル経済学賞を受賞した米マサチューセッツ工科大学（MIT）のアビジット・V・バナジー教授とエステル・デュフロ教授による共著書（『絶望を希望に変える経済学』、日本経済新聞出版）を読むと、近年は「見方の部族化」が進んでいる、とあります。ソーシャルメディアの発達もあって、意識や価値観が細かくわかれて部族化し、意見の異なる人に共感しづらくなる「共感の劣化」が進んでいるということです。

堂目　共感しづらくなっているというより、共感の範囲が狭くなってきているのでしょう。「あなたも私も人間だ」というところから始めるのではなく、「あなたはどこそこに所属しているから、一緒に行動できる」と思ったりする。ネットの中でも似通った者同士が集まるので、共感できるのが当たり前です。異質なものを受け入れるのはいやだと思っているのです。似たもの同士の共感はむしろ強化されています。閉じた共感は、他者に対する集団的反感に変わります。

野中　おっしゃる通りですね。私がなぜ暗黙知を強調するのかというと、結局、我々の知の源泉というのは、全身に蓄積している「いま・ここ」の中にある。「いま・ここ」で得られる見方、感性です。そういうものが、いろいろな意味でアブダクション（仮説生成）の源泉になるのです。
そういう意味で、今後、オンラインでのコミュニケーションが増えていき、互いにやり合う場がないと、我々の創造力は劣化していくのではないかと危惧しています。
最近は Work from home と言われていますが、むしろこれからは Work from anywhere という考え方ですね、必要なときは、会いに行かないといけないのです。そのバランス感覚が重要です。口角泡を飛ばしながらの議論は、マスクをしていてもできるのでね（笑）。

広野　そうですね。直接、お会いして話すのは全然違います。やはり身体性が重要なのですね。

髙橋　やっと、対面で実現できて嬉しいです。やはり、リアルな場の力こそが、皆さんの身体性・動物性を発揮していただけると思いましたので（笑）。
野中先生、堂目先生のご専門について、しかも進化のプロセスについても伺えたこと、大いなる役得でした。そして、広野さんの広くて深い知見と、ジャーナリストとしての「公正な観察者」魂で、ぐいぐいお二人のお話を引き出してくださり、私自身にとり、リベラルアーツの醍醐味を満喫させていただきました。
本日は、本当にありがとうございました。

野中 郁次郎（のなか・いくじろう）

(Profile)

1935 年東京都生まれ。

早稲田大学政治経済学部卒業後、富士電機製造勤務を経て、カリフォルニア大学経営大学院にて Ph.D を取得。一橋大学大学院国際企業戦略研究科教授を経て、一橋大学名誉教授。著書に『失敗の本質』『知識創造企業』『知的機動力』『直観の経営』『共感経営』『ワイズカンパニー』（各共著）など多数。

堂目 卓生（どうめ・たくお）

(Profile)
1959 年岐阜県生まれ。慶應義塾大学経済学部卒業、京都大学大学院経済学研究科博士課程修了、経済学博士。立命館大学経済学部助教授を経て、2001 年より大阪大学教授。
著書に、『古典経済学の模型分析』（有斐閣、1992 年）
History of Economic Theory: A Critical Introduction、E. Elgar, 1994
The Political Economy of Public Finance in Britain, 1767-1873、Routledge, 2004（2005 年、日経・経済図書文化賞受賞）
『アダム・スミス』（中公新書、2008 年。同年サントリー学芸賞〈政治・経済部門〉受賞）
2019 年秋、紫綬褒章受章。

広野 彩子（ひろの・あやこ）

(Profile)
1993 年早稲田大学政治経済学部卒業、朝日新聞記者を経て、2001 年 1 月から日経 BP の経済週刊誌日経ビジネスの記者。2005 年、米プリンストン大学大学院修士課程修了。2013 年から日経ビジネス副編集長。2020 年 10 月、単著『世界最高峰の経営教室』（日経 BP）を出版。

第二部

フィランソロピーがたどってきた道

フィランソロピーの過去・現在・未来

国立民族学博物館教授　出口　正之氏

1 近代以前のフィランソロピー

一・一　いにしえのフィランソロピー

一般的に「フィランソロピー」という用語は近代以降、とりわけ、ジョン・D・ロックフェラーが自らの財団活動に当該用語を充当したことから普及してきました。しかし、「公共財としての時間や資金の提供と理解される行為」（Payton 一九八八）は、当然、近代以降に限定されるものではなく、また、財団は、フィランソロピーの行為の結果ともフィランソロピーを実行するための組織とも受け止められています。したがって、財団の歴史をたどることはそのままフィランソロピーの歴史をたどることになります。

古代エジプトでもすでに「善行は『天国での報酬』を保証する」といわれていたように（Ross 一九六六：七三）、有史以来、フィランソロピーやチャリティといった行為はどの時代にも発見することができるというのが学術界での通説です。とりわけ、「人類愛」という語源に連なるギリシアでの様々な活動は、フィランソロピーとの関係が深いといわれています。例えば、歴史家が財団の一つの代表として提示しているものに、プラトンの学園「アカデメイア」があります（Weaver & Beadle 一九六七、出口一九八六）。周知の通り、「アカデメイア」は「アカデミー」の語源となったものですが、算術、幾何学、天文学さらに哲学を教授していたとされます。アカデメイアは名門の出であるプラトンの個人資産によって設立され、その運営費も彼の個人資産で賄われていたと考えられています（廣川一九八〇）。また、少なくともプラトンの時代までは授業料は無料でした（藤縄一九八五）。設立は紀元前三八七年頃と考えられており、西暦五二九年に東ローマ帝国皇帝ユスティニアヌス1世によって非キリスト教的学校のために閉鎖されるまで、実に九百年もの間、学園が存続していました。

また、ローマ時代には、アウグストゥスの片腕でもあったマエケナス（Maecenas）が、詩人のホラティウスなど芸術家を支援し、こちらはフランス語のメセナ（mécénat）の語源となりました。

ローマ人から見れば異民族に当たるエトルリア人であったマエケナスでしたが、アウグストゥスの信頼は非常に厚く、共和制から帝政に移る微妙な時期にアウグストゥスは三年間もローマを留守にした間、その統治をマエケナスに任せたほどです。このメセナという現代フランス語は、文化・芸術という分野に限定して使われているわけではありませんが、日本においては、特に「文化・芸術支援」の意味で使用されています（出口一九九三）。

ローマ時代の二世紀には、ギリシア人の富豪ヘロデス・アッティクスが有名です。彼はギリシア人でありながら、ローマの執政官となった大人物で、アクロポリスの半円形劇場オディオンをはじめとする公共施設を、アテネ以外にも私財を投じて造りました。その中の一つスタディオンは四万四千人を収容できる大理石造りの巨大な競技場だったと紹介されています（Weaver & Beadle 一九六七）。

中国に目を向けると、司馬遷の『史記』の中にも描かれていますが、戦国春秋時代の覇者となった越王句践《こうせん》の名将范蠡《はんれい》の言に、「狡兎《こうと》死して走狗《そうく》烹《に》らる」（うさぎが死ねば、猟犬は不要となり煮て食われる）という有名な故事があります。国を建てるまでには、将軍は必要であるが、国ができれば、将軍は権力の座を狙う強敵として目障りな存在となります。臥薪嘗胆《がしんしょうたん》を経て覇王《はおう》となった越の句践の第一の功労者范蠡は身を引き、陶朱公《とうしゅこう》と名を変えて商人となり、そこでも大成功をおさめます。ところが、それに甘んじることなく、今度は貧しい人々に富を分け与えた、と史記に残されています。フィランソロピストとして寄付の生活に終始することになって素晴らしい余生を送ったのです。

余談になりますが、後世の漢の立国の立役者であった大将軍韓信は、漢の高祖（劉邦）に謀反の嫌疑をかけられ殺されるときに、范蠡のこの故事を思い出します。司馬遷は范蠡と韓信を敢えて対比させることで、范蠡の生き方のすばらしさを説いたものと思われます。

一・二　奈良時代のクラウドファンディング

日本にはフィランソロピーの文化や伝統がないと指摘する方が後を絶ちません。しかし、ピーター・ドラッカーが『非営利組織の経営』の日本語版で指摘したように、奈良や京都の社寺こそが日本のNPOの源流であり、それらの寺社は寄付で支えられてきました。

例えば、聖徳太子の四天王寺は日本最初の官寺であったので、設立時には、フィランソロピーによって設立されたとは言い難いかもしれませんが、その後、例えば五重の塔は天変地異や戦禍などで6回も崩壊したにもかかわらず、その都度寄付で再建されています。もちろん、時の権力者による再建もありましたが、時代時代に合った寄付で今日に至りました。

また、聖武天皇の大仏の建立もフィランソロピーの例の一つです。この背景には感染症（天然痘）の大流行があります。天皇を支えた藤原不比等の四人の兄弟（後の藤原四家の祖）はいずれも七三七年に次々と亡くなり、朝廷は政務の停止にまで至りました。その上、旱魃・飢饉も続き、さらに七四〇年には九州で藤原広嗣の乱が発生するなど大きな社会不安も重なりました。疫病の拡大を情報で感知する現代とは異なり、周りの人々が次々と罹患、死亡することで、それとわかるわけですから恐怖感は現代と比べ非常に大きなものがあっただろうと思います。

そこで、聖武天皇は仏教の力にすがろうとして、まず全国に官寺として七四一年に国分寺、国分尼寺を建てます。それだけでは、不安はぬぐえなかったのか、国民全体で事態を解決するため、いわばクラウドファンディングとして七四三年に盧舎那仏《るしゃなぶつ》の造像を発願しました（完成は七五二年）。

聖武天皇は、「此の富勢を以て、此の尊像を造ること、事の成り易くして、心は至り難し」として、自らの富を使って大仏を造っても仏心には届かないと考えました。むしろ人々を巻き込み、「一枝の草、一把の土を持て、像を助け造らんことを請願するものあらば、恣《ほしいまま》に之を聴《ゆる》せ」と大勢の人の参加に期待しました（天平一五（七四三）年「盧舎那仏造顕の詔《みことのり》」）。正しく現代のクラウドファンディングでした。

このときに活躍したのが、小僧と蔑《さげす》まれていた行基でした。民間で教化活動を行っていた行基は、養老元（七一七）年に、僧尼令によって百姓を惑わすものとして、律令政府からその活動は一旦は糾弾、禁圧されたことがありました。ところが、その後も九修遠院《くすおんいん》と呼ばれる山崎橋を管理する施設の建立をはじめ、橋や池などの土木工事を行い、民衆からの支持も大きかったのです。詔が発せられた年に、行基法師が弟子たちとともに大仏建立に参加しました。行基は大仏の完成を待たずに他界しますが、そのときには僧官制の頂点となる「大僧正」で、衆人から行基菩薩と崇められていたことも記録されています（千田一九九四、吉田一九八七）。大僧正が人々の「勧進」（寄付）を得て、像を作るというスタイルは、戦火で大仏が焼失した後も踏襲され、今に至っています。すでに鎌倉時代中期に行基の顕彰碑が建てられ、そこには「利生のために生まれ」と記載されています。「利生」すなわち「人類愛」を語源とするフィランソロピーとよく似た用語と言えるのではないでしょうか。

現代の用語に置き換えれば、行基は、国家プロジェクトの実行委員会の委員長に任命され、ファンドレイザーとして、人々から寄付やボランティアを募ったことになります。大仏建立はフィランソロピーの源流と考えてみても、官民協働の源流として捉えてみても、非常に示唆に富みます。日本の中にこそフィランソロピーの伝統はあるといえます。

一・三　近世日本のフィランソロピー

大仏造立の詔の中の「一枝の草、一把の土」という分相応の寄付というのは、その後の日本社会に連綿と続いています。日本でも相当初期の「財団」と目されている町人の学問所であった懐徳堂では、参加するためには、身分に関わりなく「紙一折・筆一対でも謝礼の気持ちがあればよい」（脇田一九八〇：二五）というものであり、授業料というよりも寄付金で運営されていました。懐徳堂は五同志と呼ばれる五人の商人が資金を出し合い、それを運用して活動費に充てていました。さらに、制度があるわけではないのに、わざわざ幕府まで出向いて一七二六年に「官許」を取得し、それ以降は官許学問所として名乗っていました。五同志は現在の理事会のような役割を果たし、当時の学主は三宅石庵、預り人は中井甃庵《しゅうあん》、現在の大学の学長と理事長体制を彷彿させる運営体制でした。諸役免除などの税制上の優遇措置を官許とともに与えられていて、財団法人としての重要な要素は全て有していました（伊木一九八六）。

木造なので、火災で焼失することもありましたが、その都度寄付を集めて再建されていたことも神社・仏閣と同様の持続メカニズムを持っていました。

全国の私塾や寺子屋もほぼ同様の運営方法を有しており、盆暮れに何かあるものを持参する程度でした。近世における日本の教育水準の高さはまさにフィランソロピーによって支えられていたといえます（富岡二〇一三）。

一方、行基が行っていた土木事業に関連しても、例えば、水の都の大坂では、架橋については、江戸時代に約二百あったうち、12の橋だけが公儀橋と呼ばれる幕府の架けた橋で、あとは町人が架けた「町橋」であり、今でも「淀屋橋」、「心斎橋」などと屋号や町人名が残されています（出口一九九三）。

2 二十世紀の米国資本主義から誕生したフィランソロピー

二・一　ロックフェラーと「卸売りのフィランソロピー」

フィランソロピーが、ギリシア・ローマ時代から継承される、ある種普遍性を持ったものであったとしても、用語として頻繁に使用されるのは近代になってからです。そして、この古めかしい用語を社会に復活させたのは、前述の通りジョン・D・ロックフェラーでした。

米国に産業化の波が押し寄せたときに誕生した「成金」の一人として、ロックフェラーに対しては毀誉褒貶《きよほうへん》が激しかったようです。ヨーロッパの洗練された貴族階層という由緒ある人たちに比して、米国の新富裕層は「成り上がり者」の印象は免れなかったのでしょう。「金ぴかの時代」と呼ばれる時代に、アンドリュー・カーネギーとともに悪名高き世評を受けていたのです。

したがって、寄付をしても下心を疑われ、ロックフェラーの寄付であることが隠されることも多々ありました。ロックフェラーの初期のフィランソロピーで最も重要なのは、シカゴの小さな大学に巨額の寄付をして、米国有数のシカゴ大学として再生させたことでした。さらに、シカゴ大学への寄付を行った頃から、フレデリック・ゲイツという知恵袋を得て、ロックフェラーの寄付は洗練されていきます（ニールセン一九八四）。

ロックフェラーをはじめ当時の富者は、貧富の差から貧者に食事を、病人に薬を与えるという対処的な手法に対して限界を感じていました。そこで「小売りのチャリティ」から「卸売りのフィランソロピー」へという評語とともに、「フィランソロピー」の用語を使い出したのです。すなわち、個々の病人を救うために薬を提供するではなく、病気を根絶するために伝染病の防止や公衆衛生の改善に膨大な寄付を行ったのです。こうした手法に対して「科学的フィランソロピー」という評語も使われました。黄熱病と闘って殉職したロックフェラー医学研究所の研究員「野口英世」は、ロックフェラーのフィランソロピーの象徴でもありました。余談ではありますが、感染症対策はロックフェラー・フィランソロピーの中核にあったのです（出口一九九三）。

ロックフェラーの時代は、所得税がありませんでした。したがって、その富は減らすことが難しいほど拡大し続けました。ロックフェラーはゲイツと相談しながら、もう少し組織的な寄付活動が未来永劫にできるように、ロックフェラー財団を設立することを考えました。財団の設立は当時制度化されていませんでしたが、ロックフェラーは米国議会に承認を得ようとしました（ニールセン一九八四）。江戸時代の日本の懐徳堂が幕府に「官許」を求めたのと同じような発想だったのでしょう。

同財団の「科学的フィランソロピー」は「緑の革命」と呼ばれる大規模な穀物生産革命を成功させ、このプロジェクトを主導したノーマン・ボーローグは10億人以上の人々を飢餓から救い、歴史上最も多くの人命を救った人物としても記憶されています（ニールセン一九八四）。「フィランソロピー」という用語の勝利の瞬間でもありました。

日本の研究者は文部科学省や助成財団から研究費を受け取ることが当然と思っている節がありますが、実はそのような流れを作ったのはロックフェラーのフィランソロピーだったのです。日米ともに政府による研究費助成はずっと後になってから制度化されています。

ロックフェラー家は、親族から完全に独立したロックフェラー財団の他、ロックフェラーの孫たちが理事となって運営したロックフェラー兄弟基金（ＲＢＦ）も存在します。同基金の創設者たちから見て三代目が理事を構成する典型的なファミリー財団です。日本では同一親族が理事を務めることに法規制がありますが、ＲＢＦが親族による構成だからといって問題が生じたことはなく、むしろその活動は非常に高く評価されています。

二・二　カーネギーとフィランソロピーの輪

ロックフェラーと並び称されるアンドリュー・カーネギーも、フィランソロピー史に残るフィランソロピストでした。

カーネギーは貧しいスコットランド移民の子どもとして米国で育ちました。幼少期から働きに出ていたカーネギーにとって「その名を心からの感謝の念を抱かずには口にすることはできない」というほどの恩人がいました。アンダーソンという人です。アンダーソンは、自分の書斎《ライブラリー》を開放し、400冊ばかりの蔵書を近所の子どもに貸し出していました。カーネギー少年は、そこで本を借りては読み耽ったそうです。土曜日の午後はアンダーソンはいつも家にいて、本の交換をしてくれたので、少年は土曜日が来るのを首を長くして待ち望んだと伝えられています。貧しい移民の子であり、十分な教育も受けていなかったカーネギーにとって、このときの読書が後の成功の糧となったことはいうまでもないでしょう（Carnegie 一八八九）。

アンダーソンの「まちかどのフィランソロピー」は、やがてカーネギーの手によって庞大なインパクトを生み出すことになります。カーネギーは実に世界2509ヵ所の図書館《ライブラリー》にカーネギー基金を設置し、図書館の充実に貢献したのです（出口一九九三）。

アンダーソンの「まちかどのフィランソロピー」がなければ、鉄鋼王カーネギーは誕生せず、世界の図書館の充実も相当程度遅れたかもしれません。「社会的インパクト」について近年関心が高いですが、それをどのような時間軸でどのように測定していったらよいかは議論のあるところです。しかし、歴史上、最大の社会的インパクトをもたらしたフィランソロピーは何かと問われれば、このアンダーソンのまちかどのフィランソロピーであるといえます。フィランソロピーのバトンはカーネギーによって繋がれていったのです。この逸話は、奇しくも「フィランソロピーの環」を象徴することになりました。フィランソロピーの受益者が次の段階では自らフィランソロピストとなっていくことです。

カーネギーのフィランソロピーの背景にあった考え方は、聖書の中の「金持ちが天国の門を通るよりラクダが針の穴を通る方がやさしい」という言葉でした。家族には必要な資産だけを残し、それ以上の資金はすべて社会のために生きている間に使うべきであると考え、他者へもそれを奨励し、自らもそれを実行しました。富者のまま死ぬことは恥辱でしかないと、「富んで死せるは恥辱の死なり」という哲学を持っていたのです。カーネギーは、資産家に対して、その富を社会公共のために使うことを強く説く一方で、見境のないフィランソロピーを厳しく戒めました。援助に値しない人にまで援助をするような中途半端なフィランソロピーは、百害あって一利なし、と強い口調で警告を発したのです。カーネギーによれば、援助に値する人とは自助努力をする人であり、「上に昇りたいという向上心に燃える者に対し、『ハシゴ』をすぐ近くに置いてやること」こそ、フィランソロピーの真髄だと説いています。ハシゴを昇るのは、あくまで本人の力ということでしょう。自助努力をする人あるいは団体を見極めて援助していくということは、実際にはなかなか難しいことです。しかも、助力に値する人ほど、めったに助力を望まないものです。だからこそ、カーネギーは富を使うことは富を得るのに劣らないほどの能力が必要であると考え、「余剰の富を余剰の注意を持って支払うべし」とし、人生の後半生は、自分の会社を売り払い、フィランソロピー活動に専念しました（Carnegie 一八八九）。

二・三　コミュニティ財団の誕生

アメリカでロックフェラーやカーネギーなどの富者が大きな財団を設立していた一九一〇年代、もう一つ大きな動きがありました。オハイオ州クリーブランドの弁護士だったフレデリック・ゴフが、立ち行かなくなった小さな財団などを集めて一つのクリーブランド財団として再生させたのです。

社会をよくしたいというたったこれだけの小さなアイデアでした。同じく社会をよくしたいと思ったはずのロシア革命の三年前の一九一四年のことでした（Howson 一九七七）。都市人口の規模で言えば日本の長崎市と同程度にすぎない都市で誕生したクリーブランド財団は、今では資産額2000億円を遥かに超える大型財団となっています。

財団は創設者と何も縁のない理事が運営するということは通常はありえません。創設者からすると赤の他人に拠出した財産の行く末を任せるのは相当不安なはずです。それゆえ、財団は創設者と何らかの形で関わりがある人が運営することになります。ところがクリーブランド財団のようにいくつかの小さな財団が集まってできた組織では、新しく統合された財団を運営する人は元々の個々の財団の創設者とは縁もゆかりのない人になります。このことが財団の持つべき中立性といった観点から独特の構造を生み出すことになりました。ロックフェラーやカーネギーといった資産家ではない人々の寄付から生まれた財団はマンションに例えられます。大きな屋敷を購入できる富者はそれほど多くはないが、マンションの部屋を購入可能な人は格段に多くなります。寄付者からいえば、戸建ての家の購入は難しくとも、マンションの一室ならば購入は可能でしょう。そこで、日本においては「マンション型財団」という表現とともに紹介されました（出口一九九〇）。

「コミュニティ財団」はアメリカで誕生しそれからほぼ七〇年近く、沈潜の時代を過ごし、隣国のカナダに少し広がっただけの極めて特殊なものでした。しかし、その構造が持つ中立性、寄付だけで基金が作れるという簡便性、新しい事業が次々と付加される構造に伴う事務局の必然的な技能向上などから、フィランソロピー専門家からは非常に高く評価されています。

二．四　企業フィランソロピーの苦難と発展

カーネギーやロックフェラーの活動でフィランソロピーの礎ができた米国社会でしたが、もともと

と株主の権限が強かった米国において企業フィランソロピー活動は苦難の連続でした。もちろん「企業フィランソロピー」に類する企業寄付はありましたが、企業の資金を株主以外に無償で提供することについては訴えられた場合にはほとんど経営陣が裁判で負けていました。裁判の争点は、「ウルトラ・ヴィーレス」でした。すなわち法人の権利能力は定款の目的に限定されるという法理のもとで、そもそも企業は外部へ寄付する能力を有していないと考えられていたのです。したがって、それまでの判例は寄付であったとしても当該寄付が何らかの形で企業に直接的に利益をもたらす場合にのみ可能であるというものでした。その際「社会のためになる」という現代的な感覚はほとんど試金石とはなっていなかったのです。

こうした事態を大きく変化させたのは、第一次世界大戦でした。ヨーロッパ戦線での負傷者を救済しなければならないという切迫した状況の中で、赤十字への寄付が企業としても必要となったのです。いくら人道的な支援ではあるとはいえ、それまでの判例の考え方を踏襲すれば、企業側は簡単には寄付には踏み込めません。

そこで考えられたのが、「赤十字配当金」という特別配当金でした。企業は通常の配当金に上乗せした、「赤十字配当金」を株主に形式的に配当する形をとりました。企業はその配当金を実際には株主に渡さずに徴収し、赤十字へ寄付することを株主に承諾してもらったのです。こうした苦肉の策を講じながらようやく赤十字への企業寄付が行われたのです。「赤十字配当金」を実施した企業は約150社、寄付額は1800万ドルに達しました。企業寄付は社会にとって初めて存在感を示したのです。さらにテキサス州とニューヨーク州は戦時の特別立法でしたが、企業寄付を認める制度改革を行い、企業フィランソロピーにとって大きな前進を遂げることになりました（Shannon 一九九一）。

さらに大きな転換期となったのは一九五三年の裁判です。ニュージャージー州で、ミシンの会社であるA・P・スミス社がプリンストン大学に対して1500ドルの寄付金を行い、その確認裁判が行われました。裁判所は企業も「良き市民性」を発揮する義務があるから、本業とは無関係の寄付も「企業の社会的責任」を果たすうえで妥当であるという判断を示し、従来の判例を覆したのです。この判決によって、米国企業は株主の意向を大きく気にすることなくフィランソロピーを行うことができるようになったのです。

ただ、その場合でも、どの程度ならばよいのかという問題が残りました。そこでミネソタ州ミネアポリスでは商工会議所が中心になり、「税引き前利益」の5パーセントを地域社会に寄付をしようとする呼びかけを一九七六年に行いました。「みんなで渡れば」の方式であり、これは後に「パーセント・クラブ」と呼ばれ、全米各地に「5パーセント・クラブ」「2パーセント・クラブ」などが作られていきました。こうして寄付の「相場」が誕生し、その範囲であれば株主の意向は気にすることなく、企業寄付が行えるようになったのです。

また、企業と企業財団の関係は、日本と大きく異なる「米国企業財団モデル」が存在します。企業の中に財団が設置され、理事は企業の役員が務めるのが一般的で、外形的には企業の組織と変わらないため、企業の直接寄付なのか企業財団を通じた寄付なのかが見えにくいようになっています。企業財団を設置する理由としては、「税引き前利益」は企業業績によって大きく変動するために、好況時は企業財団に貯め込み、業績悪化時はそれを吐き出して安定的なフィランソロピーを可能とするために財団が設立されたのです。したがって、企業財団は「通過財団」とも呼ばれ、米国で発展してきました。

3 日本や世界へ拡張するフィランソロピー

三・一 日本国内への拡がり

日本国内では、戦前から篤志家《とくしか》による奨学金の付与などについては、有為《ゆうい》な学生が匿名の方からの支援を受けることは珍しくありませんでした。第二次大戦後、一時的にフィランソロピーは低調でしたが、高度成長とともに、企業フィランソロピーが活性化していきます。その嚆矢《こうし》となったのが、東洋レーヨン株式会社（現東レ）による財団法人東洋レーヨン科学振興会（現東レ科学振興会）でした。同財団が設立されたのは昭和三五（一九六〇）年。現在も活発な活動を行っている企業財団の中では老舗にあたります。税制が整備されていないこの時期に、10億円の基金を拠出し、自然科学の基礎研究に助成金を出したことは、それだけでも特筆に値します。文部省の科学研究費がおよそ2億円の頃、1件平均1000万円総額1億円の助成がどれほどの影響を与えたのか容易に想像できます。

また、それ以上に注目すべきことは、翌年に寄付金の税制上の優遇が与えられる「試験研究法人」(現在は「特定公益増進法人」と呼ばれている)の第一号に同財団が認定されたことです。言い換えれば、同財団の活動と主張が認められて、寄付金の取り扱いを他の団体より優遇するシステムがこのとき初めてスタートしたのです(公益財団法人東レ科学振興会二〇一一)。これは、その後の企業財団に対して大きな影響を与えたばかりではなく、日本の企業フィランソロピーの発展を考える上でも極めて意義深いものがありました。但し、このとき認められたのは科学技術の振興という領域だけであり、「試験研究法人」という名称もそのことに由来します。当時、科学技術の進展が国家的な課題であったことを考えれば、このことも容易に頷けるでしょう。実際にその後の日本の企業財団はほとんどが科学技術振興を目的とした財団となったことは言うまでもありません。

さらに、企業が財団法人を設立することに関する適切なナビゲーターがなかったことから、その後の企業財団の設立には、東レ科学振興会からの助言を受けることが多く、企業財団の中でも長く「別格」の扱いがなされてきました。

一九七〇年代になると、公害をはじめとして企業に対する風当たりが強くなり、企業の社会的責任が強く問われるようになってきました。「トヨタ財団」が誕生したのは、第一次オイルショック後の昭和四十九(一九七四)年、高度成長の時代が終わり、企業の社会的責任が強く求められ出した頃です。100億円を超える基金構想は、それまでの企業財団の規模をはるかに凌駕しました。しかし、それ以上に注目すべきなのは、トヨタ財団が明確なポリシーを持って設立されたことです。第一に、「多目的」財団を目指した点です。それまでの財団の活動は、科学技術なら科学技術に限定された、「特定目的」の財団でしたが、同財団はあらゆる領域を対象とする多目的財団を目指していました。第二に、同財団は、その目的を遂行する手段として、他の団体や研究者に資金を提供する「助成型」の財団のスタイルを打ち出しました。第三に、資金を出したトヨタ自動車（当時はトヨタ自動車工業、トヨタ自動車販売の2社）から、政策的、人事的影響を受けない「独立型」の企業財団を目標とした点です。特に人事面では、専務理事には当時東工大教授の林雄二郎氏（当協会前会長）が迎えられ、スタッフも外部から招聘され、ほとんど完全な独立型となったのです。トヨタ財団は設立当初から、フォード財団など米国大型財団をモデルにして、それを鮮明に打ち出しました。トヨタ財団の誕生は日本の企業財団史にとって画期的なでき事であり、とりわけ、助成財団のプロフェッショナル・スタッフが誕生したのは重要なことでした（出口一九九三、Deguchi二〇一七）。

三．二　フィランソロピー元年

一九八〇年代になると、自然科学研究助成以外の企業財団の設立も増えていき、日本生命財団や稲盛財団などの大型財団が設立されていきます。稲盛財団は、企業が設立した企業財団ではなく、京セラ創業者の稲盛和夫氏がノーベル賞を参考に「京都賞」を授与するために、個人資産で設立された財団でした。

一九八五年にトヨタ財団、日本生命財団を中心に22の財団が結集し、任意団体として「助成財団資料センター」が設立され、一九八八年には総理府を主務官庁に財団法人として設立が許可されました。

この頃、日本国際交流センターや公益法人協会を中心に米国財団関係者を招いたシンポジウムが何度も開催され、「フィランソロピー」の用語も国内に入ってくるようになりました。但し、この用語はごく一部の財団関係者に使用されていたにすぎません。

この用語が広く認知されるようになった背景には、米国へ進出していた日本企業の現地での経験が大きく貢献しています。一九八五年のプラザ合意以降、円高・ドル安が容認され、一気に円高が進行すると、日本企業は米国への直接投資を行うようになり、米国内に日本企業の工場が次々と建てられました。現地へ進出した日本企業に対して、米国の地域社会から「企業市民」としてフィランソロピーの要求が高まると、日本企業はそれを積極的に対応していきました。そして日本企業は、フィランソロピーの用語を、米国から直接学んでくるようになりました (Deguchi 二〇一七)。

一九九〇年には経団連が「1% (ワンパーセント) クラブ」を設立するとともに、大企業には相前後して、社会貢献担当部署が誕生していきました。また、企業メセナ協議会、大阪コミュニティ財団なども相次いで設立され、この年は「フィランソロピー元年」とまで呼ばれるようになりました (林・今田一九九九)。

三・三　東欧革命とその影響

東西冷戦下の東欧は共産圏であって、私有財産の塊である財団は基本的には否定されていました。一九八九年にベルリンの壁が崩壊して、冷戦が終了すると、世界のフィランソロピーは大きな転換を迎えました。東欧に続々と財団が設立され出したのです。東欧の中にフィランソロピー資金があったわけではなく、東欧出身者が西側にも数多く住んでいたからでした。ハンガリー生まれの米国の金融家ジョージ・ソロスは、その中の代表的な人物でした。ユダヤ人のソロスはナチスに追われ、祖国を脱し、イギリスのロンドン大学を卒業後、アメリカに渡りました。ロンドン大学でカール・ポパーに学んだことで、自由の尊さを知り、事業に成功した後は、ポパーの名著「開かれた社会」という名前の財団をニューヨークに設立しました。そして、ニューヨークの財団を足場に、一九八四年に、ソロス財団を生まれ故郷のハンガリーで設立。その後、旧東ドイツを除くすべての東欧の国々に財団を設立したのです。ソロス財団は戦後、東欧で設立された最初の財団であり、この財団の設立を嚆矢《こうし》として東欧側は「財団」の存在に注目し、西側は、東欧での財団設立に関心を示すようになりました。フォード財団やロックフェラー兄弟基金など米国有力財団も次々と東欧支援プログラムを打ち出しました。

さらに、ソロスはソ連邦の崩壊という歴史的事件に遭遇し、旧ソ連の共和国にも次々と財団を作り、今ではアフリカも含め三十七カ国にも及んでいます。

一九九〇年代は、その点で東欧が世界のフィランソロピーの重要な地域となりました。一九九六年にはハンガリーが世界で初めての「1パーセント法」による「1パーセント支援制度」を作り上げ、市民が税金の1パーセントをNPOなどへ支援する制度を作り上げました。今の日本の「ふるさと納税」制度などの源流といえるかもしれません。なお、東欧のフィランソロピー優等生だったハンガリーには近年規制強化の波が押し寄せています。

三.四　ディアスポラ・フィランソロピーと企業財団

新興国が経済力をつけてくると、欧米日中心であったフィランソロピーの隆盛は一気に世界へ拡大していきました。皮肉なことに、日本のフィランソロピーを刺激するのに、阪神・淡路大震災や東日本大震災などの天災があったように、新興国でも災害は大きな契機となりました。一九九九年九月二一日に起きた台湾での921地震は、海外からも寄付が集まりました。同様に中国では二〇〇八年五月十二日の四川大地震がフィランソロピーを多く刺激しました。

とりわけ、災害は国外の同国人からの寄付を誘発し、中国、台湾ばかりではなくフィリピン、インド、インドネシア、ベトナムなどへ海外からの寄付が非常に増えていきました。

ジョージ・ソロスのように故郷を離れ、外国で成功を収めた者が、故郷へ寄付することは、ディアスポラ・フィランソロピーと呼ばれています。「diaspora（離散）」は、特定の民族に対して用いられるわけではありませんが、Diaspora と大文字で固有名詞扱いになると、周知の通り、ユダヤ教徒が祖国を離れたことを意味します。普通名詞化したディアスポラの用語は、広義には祖国を離れた人々にも使用されるようになってきました。「ディアスポラ・フィランソロピー」もその一つです。「ディアスポラ・フィランソロピー」とは、祖国を離れた人たちが祖国に対して寄付することを言います。イスラエルは寄付金の受領の多い国であり、米国から寄付される東ヨーロッパをはじめ、中国、インドなどへの「ディアスポラ・フィランソロピー」が新興国を刺激し、急速に世界に浸透していきました。とりわけ中国では、もともとフォード財団やアジア財団がアジアの拠点として事務所を構えており、フィランソロピーの考え方の普及に努めていたことなどもあって、「ディアスポラ・フィランソロピー」が「公益研究院（philanthropy center）」などの研究所設立に使われ、それらが起点となって中国国内のフィランソロピーを刺激しています。大学の建物設置のための寄付も多いようです（Johnson 二〇〇七、Deguchi 二〇一七）。

また、企業フィランソロピーも一時期米国を除けば、日本企業が先行していた時期もありましたが、欧米に米国型の企業密着型の企業財団を設立する動きが広がっています。一国を超えてEU全体を対象とするものも多く、CSRやSDGsの考え方の普及もあって、企業財団は極めて一般的になっています。また、日本にはほとんど例がない「産業財団」という大企業を所有する財団というものもあります。例えば、デンマークに本社を置く世界第4位のビール会社のカールスバーグは、議決権の七割以上をカールスバーグ財団が所有しています。こうした財団は、デンマーク、スウェーデン、ノルウェーなどの北欧、ドイツ、フランス、スイスなどの西欧、さらにインドにも見られて、世界的にも珍しいものではありません（Børsting & Thomsen 二〇一七）。日本の公益法人では制度的には認められていませんが、公益を目的とする財団が所有する企業だから営利第一主義には走らないと一般的に考えられています。

また、政府組織の民営化に伴い、国営企業が株式を有するようになって、その株式を所有する財団も出てきました。これら「民営化を通じたフィランソロピー化」（Salamon 二〇一四）もイタリアをはじめ、各国で誕生してきました。日本ではＪＴや東京メトロの設立した企業財団などもこうした流れの中で理解することが可能でしょう。

企業財団であっても、世界の財団は極めて多様であると言えます。

4 新時代の到来とフィランソロピーの未来

四．一　フィランソロピー黄金時代の再来

二十世紀初頭、突如としてロックフェラーやカーネギーがフィランソロピー活動を行い出した

頃、世の中に所得税というものは存在しませんでした。米国大型財団はこの頃設立され長い間その規模は、若干の例外を除けば他の時期の財団を圧倒していました。「フィランソロピーの黄金時代」と呼ばれた当時の熱狂は、所得税の誕生で、もう二度と来ないのではないかと思われていました(Anheier & Leat 二〇〇六)。

ところが、今、「フィランソロピー黄金時代の再来」が、米国を中心に急に叫ばれ出しました。それにはいくつかの理由があります。第一に、グローバル化によって「市場」がとてつもなく大きくなり、あっという間に、かつて存在しなかったような超富豪が誕生するようになったこと。第二に、ベビーブーマーによる遺贈が巨大化することが予測されていることがあげられています(Havens & Schervish 二〇一四)。

一連の大富豪によるフィランソロピーでは、ウォーレン・バフェットの影響が非常に大きかったと言えます。従来の富豪は大学などの既存の事業型法人に寄付することはあっても、他の助成型財団に寄付をすることはほとんどありませんでした。ところが、バフェットは300億ドルを、ビル&メリンダ・ゲイツ財団に寄付をして同財団の規模を非常に大きくすることに貢献したのです。

もう一つ注目されているのが、ベビーブーマーたちの遺産の行方です。「フィランソロピーの黄金時代」も大富豪に対してではなく、ベビーブーマーたちの遺産に対する皮算用もあります。今後五十年で97兆円の遺産相続が行われ、そのうちのわずかでもフィランソロピーに充当されると考えられています。但し、この点については新型コロナウイルスの影響でどのような展開になるのか見通しが立っていません。

四．二　多様化するフィランソロピー

今世紀のフィランソロピーの特徴として、「クリエイティブ・フィランソロピー」、「戦略的フィランソロピー」などという言葉が次々と誕生し、助成の手法が多様化しています。とりわけ、ベンチャー出身のフィランソロピストの誕生は、助成先にもベンチャー的手法を希求するベンチャー・フィランソロピーという用語を生み出し、助成先に革新的な手法を求めています。

「クリエイティブ・フィランソロピー」というのは、ヘルムート・アンハイヤー及びダイアナ・リートが生み出した用語で、世界の財団の助成プログラムに創意工夫が見られ、いわゆるロックフェラー型の助成に変化が生じてきたことを主張しています（Anheier & Leat 二〇〇六）。

「戦略的フィランソロピー」とは、とりわけ企業フィランソロピーの中で使用されるときには、企業との関係においてWIN-WINが強調される寄付手法のことです。一時期、日本国内では「見返りのない寄付」として「メセナ」の用語が使用されたことがあります。企業財団も企業とは独立して設立されており、企業のためにもなるという発想が倫理的に遮断されていました。これに対して「戦略的フィランソロピー」の場合は、企業にも最終的に利益になるようなフィランソロピーが強調されています。但し、海外では「戦略的フィランソロピー」はもう少し広い意味で使用され、企業フィランソロピーに限定されているわけではありません。寄付金の効果をしっかり見据えたフィ

ランソロピーの意味でも使用されています。

「ベンチャー・フィランソロピー」は、ベンチャー出身のフィランソロピストが増加したこともあり、助成先に革新的なベンチャー的な要素を求めることが増えてきました。とりわけ、助成先が伝統的な非営利組織というのではなく、社会的企業として「企業家精神」に富むものを好むという傾向にあります。社会的インパクトが強調され、フィランソロピーの効果について可視化が求められています。

いずれにせよ、法制度や税制が各国で異なる中で、それぞれに新しい動きが出ていることから、明確な定義が世界で共有されているわけではありませんが、より専門性が高いフィランソロピーが誕生してきています。

四．三　寄付宣誓

ビル・ゲイツや投資家のウォーレン・バフェットをリーダーに、1000億円以上の資産を有する資産家に対して、全資産の半分以上を公益のために寄付する「寄付宣誓」を行う仲間を募る運動が始まりました。二〇一〇年のことです。その運動に呼応し、今では五大陸すべての23カ国の富者209人がその宣言を行っています（二〇二〇年四月時点）。しかし、日本人は未だに宣誓者として名乗りを上げていません。

東アジアでは、中国、台湾などから早々に名乗りが上がっています。南米やアフリカにも仲間が存在します。

かつての二十世紀型フィランソロピストは、人生の前半部分を経済活動で富を蓄え、後半部分、概ね六十歳以上となってフィランソロピストとして専念していました。ロックフェラーやカーネギーにしてもそうですし、長らくマイクロソフトのビジネスに従事していたビル・ゲイツも二十世紀型といってよいでしょう。ところが、グローバルマーケットで一挙に富を作る二一世紀の富者たちは、年齢層も多様化しています。寄付宣誓者の中には、フェイスブックのザッカーバーク夫妻に代表されるように、三十代の人も多くいます。これはかつて人類が経験していなかった現象です。

とりわけ、ザッカーバーグ夫妻は五兆円規模の寄付宣誓を行い、その規模について世界を驚かせました。また、ザッカーバーグ夫妻が、税制上優遇措置のある財団ではなく、ＬＬＣ（Limited Liability Company／有限責任会社）を設立することで社会に貢献することを選んだということで、毀誉褒貶《きよほうへん》も生じています。

四．四　ポストコロナ時代のフィランソロピー

ポストコロナ時代にフィランソロピーはどうなるでしょうか。何より気になるのは、二十一世紀のフィランソロピー拡大に極めて重要な役割を果たしていたウォーレン・バフェットが、コロナ禍

によって、所有の航空社株をすべて売却し、5兆円の損失を出したことがニュースとなっています。世界のフィランソロピーにとってコロナ禍による大きな影響は免れないでしょう。

しかし、それと同時に、我々は歴史から学ぶ必要があります。フィランソロピーの歴史を繙《ひもと》くと、そこには、実は、疫病、天災、戦争などが次々と絡んでいることがわかるでしょう。

今、コロナ禍で苦難に陥っている人々を助けようとするフィランソロピー活動が世界で次々と立ち上がっています。公益に対するニーズの高まりがフィランソロピーを刺激するからです。日本の財団はそれほどでもないですが、世界の財団のホームページには新型コロナ対策の募金計画や支援プログラムが日々更新されています。二十一世紀は富者のフィランソロピーが目立っていますが、コロナ禍によってより多くの草の根のフィランソロピーが脚光を浴びてくるのではないかと思います。

Ross, A. D. (1968). Philanthropy. International encyclopedia of the social sciences.
Salamon, L. M. (2014). Philanthropication thru privatization. Building Permanent Endowments for the Common Good. Bologna: Societa editrice il mulino.
Shannon, J. P. (1991). The corporate contributions handbook: Devoting private means to public needs, Jossey-Bass.
Weaver, W., & Beadle, G. W. (1967). US philanthropic foundations; their history, structure, management, and record.
The Giving Pledge 2020 https://givingpledge.org/ 2020 年 4 月 20 日ダウンロード

出口 正之（でぐち・まさゆき）

(Profile)

大阪大学人間科学部卒業。

ジョンズ・ホプキンス大学国際フィランソロピー研究員を経て総合研究大学院大学教授、国立民族学博物館教授。

政府税制調査会特別委員として公益法人税制改革に大きく貢献。

内閣府公益認定など委員会常勤委員として一旦国立民族学博物館を辞職。

2013 年に現職に復帰。

現在、国立民族学博物館教授、大阪府・市の「民都・大阪」フィランソロピー会議議長。

著書に
『公益認定の判断基準と実務』、『フィランソロピー』、『会計学と人類学のトランスフォーマティブ研究』、『フィランソロピーの社会経済学』など。

参考文献

伊木　稔 1986 「日本における民間公益活動」
本間正明、古田精司、橋下徹編 1986『公益法人の活動と税制：日本とアメリカの財団・社団』清文社
公益財団法人東レ科学振興会 2011『科学振興五十年』公益財団法人東レ科学振興会
千田　稔 1994『天平の僧行基：異能僧をめぐる土地と人々』中央公論社
出口正之 1986 「アメリカの財団をめぐる歴史的・宗教的背景とその活動」
出口正之 1990 「アメリカにおける最新財団事情:急増するコミュニティ財団」産経新聞（大阪）6 月 21 日夕刊文化欄 4 面
出口正之 1993 『フィランソロピー：企業と人の社会貢献』丸善
出口正之 2005「フィランソロピーと科学」（平田光司編『ＳＴＳ研究の国際比較』平成 14 年ー平成 17 年科学研究費補助金基盤研究（A）研究成果報告 pp63-77）
富岡　守 2013「寺子屋師匠はボランティア」新島学園短期大学紀要 第 33 号 67-95 頁
ニールセン , ワルデマー ,A.,1984『アメリカの大型財団：企業と社会』河出書房新社
林雄二郎、今田忠編 1999『フィランソロピーの思想 : NPO とボランティア』日本経済評論社
廣川洋一 1980『プラトンの学園アカデメイア』岩波書店
藤縄謙三 1985『ギリシア文化の創造者たちー社会史的考察』筑摩書房
吉田靖雄 1987『行基と律令国家』吉川弘文館
脇田　修 1980「懐徳堂の歴史的背景」（大阪大学放送講座『大阪の学問―懐徳堂・適塾―』大阪大学）

Anheier, H. K., & Leat, D. (2006). Creative philanthropy: Toward a new philanthropy for the twenty-first century. Routledge.
Børsting, C., & Thomsen, S. (2017). Foundation ownership, reputation, and labour. Oxford Review of Economic Policy, 33(2), 317-338.
Carnegie, A. (1889). Wealth. The North American Review, 148(391), 653-664.
Deguchi, M. (2017). Philanthropy. In Routledge Handbook of Civil Society in Asia (pp. 390-406). Routledge.
Havens, J. J., & Schervish, P. G. (2014). A golden age of philanthropy still beckons: National wealth transfer and potential for philanthropy technical report. Boston College Center on Wealth and Philanthropy.
Howson, A. G. (1977). Community Foundations-An Idea Whose Time Has Come. The Philanthropist, 2(1), 3-13.
Johnson, P. D. (2007). Diaspora philanthropy: Influences, initiatives, and issues. Philanthropic Initiative.
Payton, R. L. (1988). Philanthropy: Voluntary action for the public good (p. 32). New York: American Council on Education.

日本における寄付の系譜

一般財団法人非営利組織評価センター
業務執行理事　山田泰久氏

はじめに

新型コロナウイルスの影響が日増しに大きくなっていた二〇二〇年四月十一日、東大寺が盧舎那《るしゃな》仏《ぶつ》（大仏）に疫病退散を祈願する法要がインターネットで生中継され、ネット上で大きな話題になりました。

五日後の四月十六日には、認定NPO法人ジャパンハートがクラウドファンディング（オンライン上で資金を集めるサービス）で医療機関支援のためのプロジェクトを立ち上げ、一日で1億5000万円以上の寄付を集めました。その途中経過をTwitterなどのSNSで積極的に発信し、ネットでも注目を浴びていました。

欧米に比べて日本には寄付文化がないとよく言われますが、じつは日本にも、奈良時代の東大寺大仏建立の勧進から令和の時代のクラウドファンディングへと連綿と続く寄付の系譜があるのです。
本稿では、古来から時代ごとの寄付の軌跡をたどりながら、日本の寄付文化を紹介していきます。

1 「勧進」から始まる寄付の軌跡（奈良時代から鎌倉時代）

東大寺盧舎那仏像が建立された八世紀前半は、疾病（天然痘）の大流行や飢饉、大地震などが続き、地方では動乱が発生するなど、国が不安定な時代でした。そこで、民衆の不安を取り除き、国を安定させるため盧舎那仏像が建立されることになりました。その際、「勧進《かんじん》」（※1）と呼ばれる寄付活動が行われました。勧進とは、仏教の僧侶によって、大仏造営や寺社の建立・修繕などの費用や資材を集めるために行われていたものです。東大寺の大仏建立の勧進が日本の寄付の原点と言ってもよいでしょう。

七四三年に聖武天皇が発した大仏造立の詔《みことのり》では「如し更に人の一枝の草、一把の土を以て像を助け造らんことを情《こころ》に願う者有らば、恣《ほしいまま》にこれを聴《ゆる》せ。」と広く民に呼び掛けて勧進が行われました。

そのときに、大仏造立の勧進の責任者に任命されたのが行基上人でした。行基上人は各地で布教

※1 同じような言葉で寄進があるが、こちらは自ら進んで社寺などに物品や金銭を寄付すること。

や勧進を行い、寺院や橋、溜池などを建設してきた僧侶です。その実績が買われての任命でした。寄付を集める人のことをファンドレイザーと言いますが、多くの勧進を行ってきた行基上人は、日本の元祖ファンドレイザーといっても過言ではありません。

平安時代末期には、平氏の軍勢による南都焼討で東大寺盧舎那仏像が焼失してしまいました。その再建の際には、山伏らが全国各地を回って勧進を行い、寄付を集めました。

勧進といえば、歌舞伎の「勧進帳」を思い出す方もいらっしゃるでしょう。勧進帳とは勧進の趣旨を記載した書状で、今でいう募金趣意書になります。演目の「勧進帳」は東北に逃げ延びる義経・弁慶一行が山伏に化けて安宅の関（石川県小松市）を越えようとするときに、東大寺大仏再建のための勧進帳を弁慶が読み上げて難を逃れるというお話です。

記録に残っている寄付の歴史は、勧進の歴史そのものです。中世では、勧進聖《ひじり》と呼ばれる僧侶が各地で寄付を集めて寺社や橋などを作っていました。今でいう、クラウドファンディングのようなものです。寺社を作るために寄付を集める。飢饉や疫病流行の際には困窮者救済の施設を設立するために勧進を行う。そういった目的を設定して資金を集め、プロジェクトを遂行していきました。寄付をした人にとってのリターンは、地域に必要な社会施設が拡充されて自分たちも利用できるということになるわけです。

さらに田楽、猿楽、歌舞伎などの興行が発展する際に勧進と結びつき、勧進興行が生まれました。

日本版チャリティイベントの元祖です。戦国時代後半頃には、寺社の造営・修復の費用を捻出するための勧進相撲が始まりました。日本相撲協会が毎年福祉相撲を開催して福祉活動のための寄付集めを行っていますが、その起源となるようなものです。

この勧進は、現在でも連綿と続いています。薬師寺では昭和四十三年（一九六八年）に白鳳伽藍《はくほうがらん》復興のために写経勧進が開始されました。金堂の復興費用として約10億円が設定され、写経の納経料を一巻千円として100万巻が目標となりました。昭和五十年（一九七五年）に100万巻を達成しました。現在も写経勧進は続いており、二〇一七年には870万巻を超えているそうです。

勧進の軌跡を、ぜひみなさんの地域でも探してみてください。

2 「共助」と「互助」に現れる寄付の実践（江戸時代）

寄付とは一見関係ない国土交通省のWebサイトにも、寄付の軌跡が紹介されています。江戸時代、「江戸の八百八町」「京都の八百八寺」と並び称されていた「浪華の八百八橋」。同サイトによれば、大阪には約200の橋が架けられていました。そのうち、幕府が建設費用を出した「公儀橋」はわずか12橋。残りは全て町人が生活や商売のために自ら費用を持ち寄って架橋し、管理した「町橋」

でした。「大坂の陣」後の復興を担った岡田心斎が架けた心斎橋、江戸時代の豪商・淀屋が架けた淀屋橋など、大阪の地名になっている有名な橋も町橋でした。

江戸時代は、現在の助け合いにつながる「共助」や「互助」の仕組みの一部に寄付が組み込まれていました。幕府に頼らず、町民や農民が協力し合って自分の地域をよりよくするために寄付の仕組みが使われていたのです。

共助・互助の取り組みの例として、秋田藩御用達商人那波三郎右衛門祐生が中心となって設置した「感恩講」が有名です。一八二九年、那波祐生は自ら多額の私財を提供するとともに有力町民に声をかけ、今でいう基金を立ち上げました。献金者は191名にもなったそうです。

「感恩講」では、普段は困窮者救済を行い、飢饉のときには飢餓に苦しむ人々の救済のために集めた資金が活用されました。継続的に活動を行うために、集めた資金を元手に収入を得る事業を手掛けるとともに、毎年の収入の一定額を蓄積することにしていました。

他にも、困窮した農民の救済用貸籾《かしもみ》の備蓄制度である「社倉」や、災害や飢饉に備えて米などの穀物を農民より徴収したり、有力者から寄付をもらい、貯蓄・運用するための「義倉」という制度が各地で設置されました。社倉は藩主導で設置されたのに対して、義倉は民主導で設置されていました。

さらに、江戸時代には「頼母子講《たのもしこう》」や「無尽講」という助け合いの金融が発達しました。十数人単位のコミュニティによる互助が仕組み化されたものです。一定の期日ごとに構成員が決まった金額を出し合い、くじや入札で決めた当選者に一定の金額を渡し、全員がもらい終えるまで続けるというものでした。現在の寄付の形とは違いますが、助け合いの精神をお金で仕組み化したものです。そして、地域の運営や発展に貢献するという日本の寄付文化に繋がるものです。山梨では、この仕組みの名残として仲間内で飲み会や旅行を行うための費用を積み立てる「無尽」という習慣があります。

現代でも教育分野で寄付（例えば奨学金など）が活用されていますが、江戸時代の教育にも寄付の軌跡がありました。一七二四年に開設された大阪の懐徳堂です。大坂の豪商たちが出資し、現在の大阪市中央区に設置された学問所です。設立後は、町人からの寄付などで運営され、明治二年（一八六九年）まで続きました。篤志家や豪商が最初の設立費用を提供して、その後は町民が支えるという仕組みでした。これは、最初の立ち上げ資金は大きくお金を集め、その後の運営費は持続的に資金調達を行うという、現在の寄付の構造の一つになっているものです。地域の教育のためにお金を出し合って助け合うという寄付の軌跡です。

江戸時代の共助・互助文化の礎になったのは、「徳」です。徳は、仏教では善行を行う「徳を積む」という教えや、儒教では「仁・義・礼・智・信」からなる五徳という教えなど、仏教でも儒教でも大切な教えとして伝えられていました。

この時代に共助・互助が積極的に行われたのも「徳」の精神の実践からだと思われます。この徳の教えの中に「陰徳」の精神があります。陰徳とは、人に知らせずひそかに善行をすることです。「陰徳陽報」という四字熟語があり、「陰徳あれば必ず陽報あり」ということを意味しています。中国・前漢時代の哲学書『「淮南子《えなんじ》」人間訓』に出てくる言葉で、人知れずよいことを行う者には必ず目に見えてよいことが返ってくるという意味です。他にも、近江商人の教えで「陰徳善事」というものがあります。善い事を行うことは他人のためだけでなく、自分のためにもなるということです。「情けは人のためならず」の本来の意味の実践が、地域の助け合いを支えていました。

3 慈善と社会事業の寄付（明治時代）

明治維新によって近代国家が生まれても、政府の制度はまだまだ不十分でした。国造りには地域や市民の力が必要な時代でした。幕末の混乱と東京への遷都によって人口が大幅に減少してしまった京都では、政府による教育制度（明治五年（一八七二年））が始まる前の明治二年（一八六九年）に地域住民の手による小学校が設置されました。住民自治組織である「番組」ごとに作られたことから「番組小学校」と呼ばれ、六四校設置されました。京都府からの貸付の他に、地域の有力者などからの寄付金で建設されました。その運営には竈金《かまどきん》と呼ばれる、住民各戸にある竈の数に応じて決められた額の寄付金が充当されていました。地域の子どもたちの教育のために寄付が活用されていたわけです。明治になっても、江戸時代と同様に、地域のことは地域で力をあわせて行う、共助・互助の精神が発揮されていました。

明治になって国が大きく変わるとともに、現代でいうソーシャルセクターにも変化が生まれました。慈善活動家や社会事業家と呼ばれる人々の誕生です。その筆頭が岡山孤児院を創設し、児童福祉の父と呼ばれる石井十次《じゅうじ》です。その活動は岡山だけではなく、東海地方で起きた濃尾地震の被災児や冷害によって大凶作となった東北地方の孤児を引き取るなど、全国的なものとなっていました。多い時期には1200人の孤児が岡山孤児院で生活をしていました。この時代は社会福祉制度が整備されていなかったため、個人の善意や寄付で福祉施設の運営がなされていました。石井十次の活動は、福祉活動の実践だけではなく、ファンドレイジング（資金調達）手法も素晴らしいものでした。孤児院運営のために、庶民から貴族まで幅広い層の個人から寄付をもらっていました。そのほかに、青年実業家だった大原孫三郎（倉敷紡績社長）からの支援や、小林富次郎商店（のちのライオン株式会社）の社会貢献活動による支援など、実業家や企業からの支援も受けていました。さらに、山陽鉄道の主要駅に募金箱を設置したり、孤児で結成した音楽幻燈隊による慈善公演を全国各地で開催したり、様々な方法で寄付を集めていました。今のNPOにも参考になる取り組みです。キリ石井十次のファンドレイジングの特徴の一つに、キリスト教による慈善の精神があります。キリスト教を信仰していた石井十次はキリスト教関係者から多くの支援を受けていました。この時代の慈善活動を調べると、キリスト教関係者による取り組みが目立ちます。その裏には文明開化による西洋文化の輸入もありました。一方で、江戸時代の幕藩体制から近代国家への移行の中で、今までの地域内での共助・互助の他に、地域を超えた全国的な支え合いの共助も生まれてきました。

石井十次のような慈善活動家・社会事業家の他に、財界の実業家による慈善活動、社会事業の動きも注目されるようになってきました。日本資本主義の父と呼ばれる渋沢栄一は、現在のＣＳＲの先駆けとなるような取り組みを数多く手掛けました。渋沢栄一は約５００社の創業に関わり、多くの会社は現在でもその系譜が残っています。一方で、社会事業団体や学校、協会など約６００もの非営利組織の設立にも関わりました。

渋沢栄一は二十世紀初頭に4回訪問したアメリカで、実業家によるフィランソロピー活動に強い関心を持ちました。国や自治体ができない公益事業に対して、アメリカの実業家が率先して取り組んでいることや、それにより経済や文化の振興、人材育成に寄与していることを視察してきました。この渋沢栄一の渡米によるフィランソロピーの視察が、日本の実業家や財閥に大きな影響を与えたようです。渋沢栄一自身の活動にも、この時代の実業家・企業によるフィランソロピー活動にも、寄付の取り組みが含まれています。

他に、この時代発祥のチャリティ活動があります。明治十七年（一八八四年）六月十二日から三日間にわたって日本初のチャリティバザー「鹿鳴館慈善会」が華族や貴族の婦人会によって開催され、盛況だったそうです。明治三十三年（一九〇〇年）、小林富次郎商店が包装紙に慈善券を印刷した「ライオン歯磨慈善券付袋入」を発売しました。慈善券1枚につき、同商店が1厘の寄付をするというものです。今でいうベルマーク活動に近いものでした。ライオン社のWebサイトによれば、その当時のお金で1万円の寄付を一年間で行ったそうです。

明治は、近代寄付の誕生の時代でした。

4 制度による寄付（明治・大正・昭和時代初期）

寄付といえば、最初にイメージするのは災害時の義援金ではないでしょうか。東日本大震災では、二〇一九年六月時点で3831億円もの義援金が集まりました。その義援金の始まりも明治時代でした。

明治一八年（一八八五年）六月中旬から七月にかけて大阪の淀川で大洪水が発生しました。このとき、初めて新聞社による義援金募集が行われました。大阪朝日新聞が実施した「義金募集」の社告では3976円24銭6厘もの義金が集まったそうです。これはローカルでの動きでしたが、全国規模の義援金募集は三年後の明治二一年（一八八八年）七月十五日に発生した、福島の磐梯山の噴火被害でした。この時代、鉄道や電報の発展に伴う新聞報道の充実や、写真や幻燈の普及によって全国的に災害の状況を知ることができるようになりました。この災害では、東京の新聞社15社合同で義援金の募集が行われました。最終的には全国55社の新聞で義援金の報道がなされ、総額4万918円58銭の義援金になったそうです。また、全国各地で開催された慈善幻燈会では、入場料10銭の収入や会場での募金が義援金となりました。この噴火の義援金は当時はエポックメイキング的なでき事だったようです。明治維新以降で多くの被害者を出した最初の大規模な災害だったこと、初めて全国的に募金が集められたこと、かつ、朝敵とされてしまった旧会津藩に対する支援であったことから、この災害救援を通じて近代国家として国が一つにまとまったでき事といわれていたそうです。旧幕藩体制の影響から脱却し、地域で閉じるのではなく、広く日本という国の中で慈善活動や義援金が展開される契機になったようです。

慈善活動家や社会事業家の個人的な寄付の取り組みの他に、磐梯山の噴火の義援金のように国民による全国的な寄付の取り組みも少しずつ生まれてきました。大正七年（一九一八年）七月に富山で発生し全国に広がった米騒動でも、全国規模の寄付の取り組みがありました。米騒動発生後、明治政府はこの状況を改善するために、地域の有力者から寄付を募り、それをもとに米の安売りをするよう各府県に指令しました。その結果、各府県で寄付が集まり、米の価格安定にその寄付金が使われたそうです。群馬や大阪、佐賀など、そのときの状況について詳しく書かれた記事をネット上で見ることができます。

大正一二年（一九二三年）九月一日に発生した関東大震災の救援・復興活動でも義援金が大きな役割を果たしました。その当時八十三歳となっていた渋沢栄一は被災地である東京に残って、民間の立場で復興支援の陣頭指揮をとっていました。実業家有志や貴族院・衆議院議員有志とともに、大震災善後会を結成しました。大震災善後会は民間による救援活動の拠点として、義援金の募集と配分、経済復興などの活動を行いました。その当時で420万円以上の義援金が集まりました。アメリカやドイツなど、海外からの義援金もあったそうです。これらの義援金の使途や1円以上の寄付者名簿などを含んだ報告書が作成されています。現在でも、寄付に関する説明責任が強く求められていますが、この時代でも説明責任は大事なポイントだったようです。

義援金以外にも、国家的事業でも寄付が集められています。大正九年（一九二〇年）に建立された明治神宮も、その費用は税金の他、国民からの寄付で賄われました。寄付を集め建立を進めるために明治神宮奉賛会が設立され、全国規模の寄付キャンペーンが実施されました。各都府県には負担額を割り当てて寄付を募りました。地方では目標額を達成するために役人の役職に応じた寄付金額が設定されていたそうです。その結果、目標額を上回る約676万円の寄付が集まりました。

この時代、国の教育制度にも寄付が使われていました。明治五年（一八七二年）に定められた「学制」や、明治十九年（一八八六年）の小学校令によれば、学校を設立運営するのに必要な経費は学区ごとに地域が責任を負っていました。租税・寄付金・積立金・授業料などの「民費」で、学校の運営を行い、不足分を国が補助するという制度でした。国が行う制度そのものにも寄付の仕組みが組み込まれていました。

一方で、日露戦争以降、太平洋戦争まで、戦争のための寄付もありました。日露戦争で出征した兵士に物品を送る慰問袋や、日中戦争や太平洋戦争では軍用機などを購入するための国防献金や献納運動が実施されました。本来、寄付は自主的に行うものですが、時代によっては制度として利用されたり、強制的に徴収されたことは今後の教訓のためにも記憶しておかなければいけないことです。

5 戦後復興期と昭和の寄付（昭和時代）

明治以降、民間主導で進められた社会事業や慈善活動は戦後、大きな岐路に立ちました。戦前は民間の活動に対して国の支援も少しずつ整備されてきました。しかし、昭和二十一年（一九四六年）のＧＨＱが出した覚書によって、政府の民間社会事業に対する補助が禁止されました。この方針は憲法にも引き継がれ、憲法第八十九条に「公の支配に属しない慈善、教育若しくは博愛の事業に対し、これを支出し、又はその利用に供してはならない。」と定められています。これにより、運営費などに対する政府からの支出が禁止されました。この問題を解決するために、昭和二十二年（一九四七年）に共同募金運動が開始されました。民間の社会福祉事業を支える資金を寄付で集めるために始まったもので、「国民たすけあい運動」として実施されました。初年度は約6億円の寄付が集まりました。これらの運動が現在の「赤い羽根共同募金」となり、寄付の仕組みとして広く知られています。

戦後復興期には、アメリカからの官民による援助が役立てられました。国際基督教大学（ＩＣＵ）は日米のキリスト教関係者によってその設立が検討され、両国で募金活動を行い創立されました。東京・六本木にある、文化交流・知的協力を通じた国際相互理解のために設立された国際交流会館は、一九五〇年代に吉田茂首相をはじめとする政財界や文化人による支援のもと、募金活動が実施されました。この募金に対して、ロックフェラー財団などのアメリカの助成財団がマッチングファンドで支援を行い、国際交流会館が建設されました。寄付を集める行為が国際交流を促進する機会にもなりました。

同じ頃、福祉事業の充実や地域の復興などのために様々な寄付の仕組みが生まれています。昭和二十四年（一九四九年）十二月には、国民の福祉の増進を目的に初めて「寄附金付お年玉付郵便はがき」が導入されました。現在では、寄付金がついていない年賀はがきの方が主流かもしれませんが、昭和三十年（一九五五年）までは寄付付きの年賀はがきだけでした。このアイデアは一民間人が考案し、郵政省に持ち込んで採用してもらったものです。

昭和二十六年（一九五一年）、創立二年目の市民球団広島カープは財政難で存続の危機に直面していました。その当時の石本秀一《ひでいち》監督が奔走し、後援会を立ち上げ、球場では樽募金（※2）を行い、この危機を救ったそうです。ここにも寄付の力がありました。

各地で建設された市民公会堂などの建物も、自治体の税金の他に一部は民間の寄付を集めて建設されているケースがあります。旧・豊島公会堂（東京）、群馬音楽センター（群馬）、米子市公会堂（鳥取）などがよく知られています。

この時代は「カンパ」という形の募金活動も行われていました。規模でいえば組織的なものや地域限定のものから全国規模のものまで、目的でいえば社会的活動、政治的活動、同窓会、知人の助け合いなど、様々な形式で行われていました。慈善活動に対する寄付以外にも、地域コミュニティや所属コミュニティに関する助け合いのカンパも寄付文化の一つの形としてありました。

メディアによる寄付活動という新しい動きも出てきました。昭和四十一年（一九六六年）、サンケイ新聞（現・産経新聞）に心臓疾患を抱え手術を必要としている幼い少女の記事が掲載されました。少女を救おうと新聞社に多くの寄付が寄せられ、少女は無事手術を受けることができました。これをきっかけに心臓病の子どもを救う日本で初めての基金「明美ちゃん基金」が設立され、五十年以上にわたって支援活動が行われています。

※2 広島カープは経済的なサポートをしてくれる親会社がないために、苦肉の策として球場に「樽」を設置して広島市民から募金を募った。

昭和五十年（一九七五年）十二月二十四日、ラジオでは初のチャリティ番組として『ラジオ・チャリティー・ミュージックソン』が始まりました。音楽をかけながら24時間募金を呼びかけ、集めた寄付金は音の出る信号機の設置に活用されています。その三年後の昭和五十三年（一九七八年）八月には、日本テレビ開局二十五年記念事業の目玉として、1回目の「24時間テレビ」が開催されました。毎年多くの寄付が寄せられ、日本最大級のチャリティイベントとなっています。

インターネットが生まれる前は新聞やラジオ、テレビが主要な情報源だったので、マスコミを通じて社会問題を知り、寄付を行うという、善意の流れがありました。

6 現代の寄付（平成・令和時代）

昨晩ダウンロードした曲を聴きながら通勤。途中でコンビニに立ち寄って、おやつのチョコを買う。お昼は社食でヘルシーランチを食べ、食後のコーヒーは自動販売機で購入。帰りは同僚と居酒屋で乾杯。家に帰ってショッピングサイトで雑誌で見つけたTシャツを買って、ポイントを貯める。

よくある日常のようですが、ここにも多くの寄付の機会があります。購入した音楽は復興支援のチャリティソング。チョコは児童労働の問題に取り組むＮＰＯへの寄付付き商品。ヘルシーランチは途上国の子どもたちの給食1食分の寄付に。自動販売機は1本購入するごとに寄付される寄付型自動販売機。居酒屋では1杯飲むごとに寄付になるカンパイチャリティ。Tシャツはブランドもののチャリティ商品。ショッピングサイトのポイントはネット募金へ。というように、日常の中で身近に寄付をしていることがあります。

ここ数年で、こういった寄付付き商品やチャリティに繋がるサービスが数多く生まれています。自分が直接寄付をしなくても、普段の生活から間接的な寄付に繋がることがあります。

他にも、航空会社のマイレージや、クレジットカードやポイントサービスの各種ポイントで寄付ができます。SNSの投稿1件につき10円を企業が代わりに寄付をしてくれるというSNSの寄付キャンペーンに参加して、寄付することもできます。

インターネットによるチャリティオークションや、東京マラソンなどに見られるチャリティランナー制度など、自分の楽しみがチャリティ（寄付）に繋がる機会もあります。

手軽な寄付といえば、コンビニのレジ募金もあります。コンビニの店舗数の増加にあわせて、寄付金額が年々増加しているようです。一九九〇年代に始まったコンビニ募金も、あるコンビニチェーンでは年間4億円を超える寄付額を集めるようになっています。勤めている企業が従業員募金を実施しているようなら、給与天引きで毎月一定額を寄付することができます。その寄付額と同じ金額を企業が上乗せしてくれるマッチングファンドの仕組みがセットされています。

さらに、この十年で、NPOを直接支援する寄付の方法も増えています。二〇〇〇年以前は寄付といえば、募金箱、現金手渡し、銀行や郵便局の振込がメインでした。二〇〇〇年代にはクレジットカードによるオンライン寄付の仕組みが、二〇一〇年代にはネット上で不特定多数の方から支援を募るクラウドファンディングが生まれました。従来の方法とあわせて、さらに寄付がしやすい環境となってきています。

ツールの変化だけでなく、市民とＮＰＯの接点が増えていることも大事なポイントです。ＳＮＳの発展で、ＮＰＯの代表や社会起業家と呼ばれる人がインターネットを通じて直接寄付の呼び掛けを行うことができるようなりました。また、ＮＰＯの信頼性の証しとして情報開示もWebで積極的に行っています。これまではメディアを通じてのＰＲでしたが、支援者である寄付者や企業が直接情報を入手することができるようになりました。寄付のお願いから活動の報告まで、ＮＰＯの情報発信が重要な時代になっています。

最後に、令和時代の新しい寄付の形をご紹介します。芸能人やアスリート、YouTuberなどの有名人による寄付が大きく変わってきました。今までも社会貢献活動に熱心に取り組まれ、積極的に自ら寄付を行い、チャリティイベントを開催する方も数多くいらっしゃいました。

新型コロナウイルスに関する取り組みで注目を浴びたのは、有名人が自らの寄付を積極的に発信し、ファンのみなさんに寄付の呼び掛けをしたことです。YouTuberのヒカキンさんやサッカー選手の長友佑都さん、タレントの「新しい地図」の香取慎吾さん、稲垣吾郎さん、草彅剛さんは基金やクラウドファンディングを立ち上げ、ファンに対して寄付を呼び掛けていました。自分が持っている発信力や影響力を活用して、社会問題に関心を持ってもらうことを意識した取り組みです。自ら広報マンも兼ねる、新しい寄付者像を提示してくれました。

古来の勧進から続く日本の寄付の系譜がこれからどのように進化していくのか、ぜひご注目ください。

山田 泰久（やまだ・やすひさ）

(Profile)

1996 年日本財団に入会。2009 年から公益コミュニティサイト「CANPAN」の担当になり、情報発信、助成金、IT 活用、寄付をテーマに NPO 支援の活動に取り組む。

2016 年 4 月、（一財）非営利組織評価センター（JCNE）の設立とともに業務執行理事に就任し、非営利組織の組織評価・認証制度の普及にも取り組んでいる。

歴史上の寄付の事例を紹介する「ファンドレイジングスーパースター列伝」をブログで発信中。

第三部

社会に拡がるフィランソロピー

「命のビザ」を発行した 究極のフィランソロピスト

株式会社ルート・アンド・パートナーズ
代表取締役　増渕 達也 氏

(Profile)
ますぶち・たつや
1992年東京大学卒業、同年株式会社電通入社、雑誌局勤務。2002年富裕層向けメンバーシップマガジン「セブンシーズ」を発行する、株式会社セブンシーズ・アンド・カンパニー代表取締役社長に。2006年7月株式会社ルート・アンド・パートナーズ代表取締役社長に就任、現在に至る。富裕層マーケティングや富裕層ビジネスに関する講演活動も多い。
連絡先は masubuchi@highnetworth.co.jp

「私は政府に背いたかもしれない。しかし彼らを助けなかったら神に背いたことになっただろう」

戦前、リトアニア領事時代に主にポーランド系ユダヤ難民に「命のビザ」を発行し6000名以上の命を助けたことで知られる元外交官杉原千《ち》畝《うね》氏が、自身のとった行動を戦後振り返ったときの言葉である。ビザを発行してはならないという政府の指示を公務員として単純に守るのか、あるいは、領事館の門前に並ぶビザ発行を待つ命がけのユダヤ難民の願いを受け入れ「命のビザ」を発行するのか。両者はどちらも正しい選択に映るが、杉原氏は結果的に後者を選択した。戦時であるとはいえビジネス道より人道を優先し孤独な決断をした究極のフィランソロピストにしてユダヤ民族の恩人杉原千畝氏。

杉原千畝氏　ⒸNPO杉原千畝命のビザ

今では教科書に取り上げられているので小学生や中学生で知っている人が多いかもしれない杉原氏は、イスラエル政府から「諸国民の中の正義の人」に認定されている唯一の日本人でもある。ご家族に聞くと、ウォッカをこよなく愛し、子どもにも「ちゃんと宿題やりなさいよ」と、ごく普通の父親像を見せることが多かった杉原氏は、二十世紀の幕開け一九〇〇年に岐阜で生まれ、税務署で働く父親の「息子を医者にしたい」という願いを文字通り試験の白紙回答で両断し、現在の早稲田大学や当時のハルピン学院を経て、自身の希望通り世界に羽ばたく仕事につくことになる。このあたりから自身の信念のもとに生きる素質は開花していたのだろうと思う。

さて、このハルピン学院での校訓だった「自治三訣」が後の杉原氏の決断の原点になったと私は考えている。初代総長後藤新平氏の好んだ言葉だったようだ。

人のお世話にならぬよう
人のお世話をするよう
そして、報いを求めぬよう

フィランソロピーという言葉の語源に含まれている「愛」を理解することは、一般的には大変難しいと考えがちだ。マザー・テレサは「愛の欠如が今日の世界の最悪の病気だ」と名言を残しているが、「愛を難しく考えすぎることが今日の世界の最悪の病気だ」と言い換えたほうが望ましいのではないだろうかと思うことがある。なぜなら、この自治三訣こそが「人を愛するということ」を如実に示す極めて単純な言葉だからだ。人道を優先する決断をした杉原氏の行動をしてフィランソロピーを語ることは単純だが、むしろ杉原氏の母校のこの校訓の体現こそがフィランソロピーの体現になり得ることを忘れてはならないと思うし、「反復された単純で正しい簡単な言葉」は、人生最大の決断を迫られたときの判断の拠りどころとなることも、同時に忘れてはならない人生訓と言えよう。この自治三訣は、市民生活で使われている言葉にするとよりわかりやすい。そう、「おすそ分け」に近い意味合いなのだ。「いつでも分け与えるメンタリティ」は、欧米流の「自分で取ってから分ける」のではなく「現在の自分の中のものを分ける」という発想で、確かに狩猟民族的ではないのかもしれないが、「三方よし」という独特の日本文化の源流に通じているし、フィランソロピーアクションの最たるものなのではないだろうか。その意味からすれば、杉原氏がとった行動は本人にとってみれば驚くに値しない「当たり前」の行動だった、と、戦後述懐しているというのも納得感が強い。

杉原氏や後藤氏の好んだ「自治三訣」のような単純な考え方を、反復横跳びをするがごとく学ぶことは良識人を育てるし、レジリエンスの根本的な力にもなると思う。社会共生型の人間として最も大切なことは、自分で考え、自分で歩くことのはず。電車は快適だが、方角を間違えるとどうしようもない。クルマも便利だが、道端に昨日なかった野菊の力強さに気づくことができない。このような当たり前のことを知り考え抜くことこそリベラルアーツの根源的な価値であり、これこそフィランソロピーアクションの一丁目一番地なのではないだろうか。日本人はリベラルアーツ教育を自分たちの形で本来持っていた人種なのだと思う。「自分で考え、今すぐできる正しいことを、今すぐやってみる」という杉原氏の業績が我々に問いかけるものは、日本人が寺子屋で学んでいた頃には体得していたはずのフィランソロピー思考にほかならないのだ。

今から八年ほど前だったか、ある女優さんのご紹介で杉原千畝氏のお孫さんに会い、「祖父の業績をもっと広めたい」という希望を叶えるべく奮闘しているのが「The Sempo Project」だ。外交官を目指していた高校生時代に知った杉原千畝氏だったが、セレンディピティというのはこのことか、と、その依頼に私は天命を感じざるを得ず、以来、紆余曲折はあるものの、杉原千畝氏関連のプロジェクトに取り組んでいる。

そのプロジェクトの一つにユダヤ系富裕層の訪日旅行促進がある。旅行業法に基づく旅行業のライセンスもとった。感染症対策で目算は狂っているものの、東京・京橋には小さなミュージアムを作り、現在の杉原ファミリーがプライベートガイドをしてくれる他、特別制作のパスポートに、現在の杉原ファミリーから「現代版の命のビザ」を押印してもらうことをフィナーレにした取り組みだ。

杉原千畝氏の功績を「人道」（Jindo）という「日本語発」のブランドにし、「海外発」のSDGsの概念を包含したグローバルフィランソロピーブランドとして上位概念に位置付けようとする試験的な活動も始めている。

私は、フィランソロピーこそレジリエンスの根本的な力になりうる、と信じてやまない。

本稿の最後に、杉原氏のほかにも「当たり前」の行動をとった人たちがいたことを書き記しておこう。

杉原氏の「命のビザ」（日本通過ビザ）を受け取ったユダヤ難民は、シベリア鉄道を経由してロシアを横断し、終点のウラジオストクに到着。そこから海を渡って日本に上陸し、神戸や横浜を経て世界各国に避難した。長く過酷な困難を乗り越えて、多くの命が救われたのであるが、その間、緊迫した情勢の中で、彼らユダヤ難民の救出にあたったのは、杉原氏一人だけではなかった。

当時、ウラジオストク日本総領事館の根井三郎氏（総領事代理）も救出にあたった一人である。

彼のもとに、一人のユダヤ人が飛び込んできた。「最後の望みをかけてウラジオストクにたどり着いたものの、杉原のビザを紛失してしまった」とビザ発給を懇願してきたのだ。通過ビザの発給権限を持たない根井氏は、越権行為を承知の上でビザを発給したという。そのでき事からしばらくして、外務省から「ユダヤ難民の日本入国を取り締まれ」との通達が入ったにもかかわらず、ビザを持たないユダヤ難民に独断でビザを発給し続けたと伝えられている。

命のバトンを引き継いだのは、外交官だけではない。民間人の大迫辰雄氏（ジャパン・ツーリスト・ビューロー／現ＪＴＢ社員）も難民救出にあたった一人である。米国のユダヤ人協会から同社・ニューヨーク支店宛てにユダヤ難民の支援を呼びかけられ、ウラジオストクから福井県敦賀港への輸送船を手配することになった。一九四〇年九月から翌年六月まで、大迫氏は小さな船で毎週のように往復して難民の世話をしたと伝えられている。

さらに、ユダヤ難民を受け入れた敦賀の住民は、彼らをやさしく迎えるだけでなく、難民に食料を提供し、彼らのために寄付を集めたり、銭湯を無料で開放したという。敦賀は以前よりウラジオストクとの交流が盛んな地で、外国人旅行者の往来によって住民の国際感覚が豊かだったのである。

このように、あまり知られていなかった歴史の舞台裏では、フィランソロピー精神に溢れる多くの人たちによって、杉原氏の「命のビザ」のバトンが、しっかり繋がれていったのである。

「生きる」と「BIUTIFUL」

石井 純氏

（Profile）
いしい・じゅん
パナソニックでかつてメセナ・フィランソロピーを担当、2018年常務取締役を退任。現在、企業の社外取締役を兼任しつつ、「小豆島アートプロジェクト」を立ち上げ、瀬戸内国際芸術祭に参加。
日本アカデミー賞協会会員として映画ソフトを約3000本コレクションするなど、スラッシュキャリアを目指す。

一九五四年に「七人の侍」を発表して世界を驚かせた黒澤明は、その二年前に「生きる」というモノクロのヒューマンドラマを作った。おおよそのストーリーはこうだ。

物語は、主人公が末期の胃癌であるというナレーションから始まる。この志村喬演じる渡邊勘治という主人公は、役場に勤めるしがない公務員であった。多くの住民からの陳情書は、陽の目を見ることなく机に山積みされている。渡邊はそれを処理するでもなく時間だけを貪っている。彼のあだ名はミイラというものであった。つまり既に生きていないのである。その既に生きていない彼は、死の宣告を受けたとたん動揺する。それは突如襲ってきた死への恐怖であり、いつの間にか自分に無関心になった家族から取り残される恐怖であった。

絶望の淵で、彼は一人の悪魔と一人の天使に遭遇する。場末の居酒屋で居合わせた坂口安吾

「生きる＜東宝DVD名作セレクション＞」
DVD発売中
￥2,500＋税
発売・販売元：東宝
©1955 TOHO CO.,LTD

のような風体の作家は、彼に快楽を勧める。キャバレーを連れまわし、残された自分の時間を自分のために有意義に使えと囁く。しかし彼の心は晴れない。恐怖から逃れることはできない。次に会ったのは、元部下で役所の仕事は面白くないと辞めた娘だった。自分はただ食べて寝て過ごしているだけだと言う。だけど工場でものを作る今は楽しいと、うさぎのおもちゃを見せてくれる。渡邊はふと自分のまわりでも何か一つでも誰かのために残せるものがあるのではと気づく。彼が生き出す瞬間であった。喫茶店の隣のグループから、ハッピーバースデーの歌が沸き起こる。

　役場の自席の書類の山から、彼は一枚の陳情書を見つけ出す。それは雨が降るとあふれる下水道のそばの小さな空き地を整備して公園を作って欲しいというものだった。

　映画はここで、通夜の席のシーンに転換する。

同僚たちが黙って並ぶ霊前に、私たちにも焼香をさせて欲しいと公園を利用する主婦たちがやってくる。泣きながら口々に渡邊さんの人徳を讃える主婦たち。同僚たちは驚いたようにその光景を眺めながら、そう言えば、と亡くなった主人公の変化を回想するのであった。陳情書を持って役所の中を走り回る渡邊さん、鬼の形相で上司の説得を試みる渡邊さん。彼は雪が降り積もる寒い日の夜、完成した小公園のブランコに揺られながら、「命短し、恋せよ乙女」と口ずさみ笑みを浮かべて死んでいくのである。それは初めて彼が人のために何かを成し遂げた、まさに生きた証であった。

☆☆☆

メキシコシティーでこの映画を観た十九歳の青年がいた。彼はいたく感動し、映画監督を志す。後に「バードマン あるいは（無知がもたらす予期せぬ奇跡）」「レヴァレント 蘇りし者」という2作品で二年連続アカデミー賞獲得という快挙を成し遂げたアレハンドロ・ゴンサレス・イニャリトゥ監督である。役所広司・菊地凛子が出演した「バベル」という映画も彼の作品である。

このアレハンドロ・ゴンサレス・イニャリトゥ監督が、二〇一〇年に「BIUTIFUL」という映画を世に出すことになる。舞台はスペインのバルセロナ。バルセロナと言えば、ガウディに代表されるアートや美食の街として有名だが、ここで描かれているのは裏社会のカオスである。ハビエル・バルテム（私の最も好きな男優）扮する主人公のウスバルは、不法入国者に闇で仕事を斡旋するしがないやくざである。彼は鬱病の妻と別れ、細々と2人の子どもを養っている。そのような中、彼は余命二カ月の末期癌に侵されていることが判明する。ウスバルにとっては幼い二人の子どもが、なんとしても気掛かりだ。子どもたちの世話を託すため、妻ともう一度よりを戻そうとするが上手くいかない。不法滞在のセネガル人の男が逃げて、その残された妻と赤ん坊まで面倒を見る羽目になる。中国人の移民も匿おうとしてそれが反って仇になる。最後は自分が僅かながら貯めたあり金を、全てセネガルの女に預けて子どもたちの行く末を頼むのだが。

唯一ウスバルが子どもたちに残せたものは、娘にビューティフルはどう書くの？ と尋ねられたときに教えた「ＢＩＵＴＩＦＵＬ」という間違った綴りだけであった。

☆ ☆ ☆

私は企業で四十年近く勤めたあと、第二の人生のフィールドを故郷の瀬戸内海・小豆島のかつて祖父母が暮らした古民家に求め、そこでアートギャラリーとカフェを運営している。瀬戸内国際芸術祭２０１９にも参加した。会社人生の中で一時期、社会文化部という部署に籍を置き（その頃はまだＣＳＲもＳＤＧｓという言葉もなかった）、メセナやフィランソロピーのテーマに携わった。一方、映画鑑賞が趣味で日本アカデミー賞協会の会員で、プライベートで３０００本を超す映画のＤＶＤソフトをコレクションしている。そういう関係で、今回「映画の中のフィランソロピー」というテーマをいただいた。

さてどうしたものか。古今東西映画の中では、企業や個人のフィランソロピーといえる行為を描いた作品は数多ある。ヒューマンドラマというジャンルそのものが、フィランソロピーというカテゴリーに分類できると思う。その中で私がピックアップした映画が、前述の2作品である。

まず、黒澤明監督の「生きる」。この映画を生涯最高の一本と位置付ける人も多い。さすが黒澤監督、痛烈なお役所仕事批判と評価する人もいる。確かに市民を顧みない役所の問題点を抉り出す場面はたくさん登場する。ラストシーンは、通夜で渡邊さんのように自己改革しようと心に決めた同僚が、元の木阿弥に戻ってしまうのである。しかし黒澤監督が浮き彫りにしたかった主題はそこではないと思う。そうでないとタイトルを「生きる」としない。自分の死期を知ったとき、自らを犠牲にして、人のため社会のために何かを成そうとする。その精神を描きたかったのだ。その精神こそが「フィランソロピー」であり、文字通り「生きる」ことなのだと思う。

そのことは、アレハンドロ・ゴンサレス・イニャリトゥ監督の「BIUTIFUL」にも描かれている。社会の末端で社会正義に真逆に反する仕事であぶく銭を稼ぐウスバルでさえ、自分の死期を知ったとき、自らを犠牲にして、人のため社会のために何かを成そうとする。それは渡邊さんのように人のリスペクトを誘うような行為でなく、がむしゃらにもがいてむしろ滑稽でさえある。役に立ったと言えないかもしれない。しかし私たちは、そのウスバルの行為から目が離せない。それはゴミ溜めの中でのた打ち回る行為でも「美しい」からだ。「BIUTIFUL」と綴りを間違っても、美しいものは美しいのだ。

「フィランソロピー」とは、すなわち「生きる」ことで「美しい」ことなのだと、この二つの映画は教えてくれる。

もう一つ教訓がある。

黒澤明監督は、「生きる」という映画で一人の男の生き様を見せた。このことが、後にアレハンドロ・ゴンサレス・イニャリトゥ監督というもう一人の巨匠を生み、その彼は「ビューティフル」な生き様を描いてみせた。私はフィランソロピーの行為は、「繋がる」のではないかと考える。「BIUTIFUL」を観た人は、その映画が「生きる」へのオマージュだと容易にわかる。「BIUTIFUL」のエンドロールの最後に、アレハンドロ・ゴンサレス・イニャリトゥ監督のオフィス名が明示される。その名が「IKIRU FILMS」となっており、私たちはハッとさせられる。

「フィランソロピー」とは、すなわち「生きる」ことで「美しい」ことで、「繋がる」ことなのだと思う。

体を張った仕事で稼いだ大切なお金を寄付

川崎競馬場騎手会会長

今野　忠成 氏

（Profile）
こんの・ただなり
1977年神奈川県生まれ。
8歳から中学卒業まで、神奈川県内の児童養護施設「聖園子供の家」で育つ。地方競馬教養センター騎手養成課程を経て、1994年10月に騎手デビュー。同年12月に初勝利。2019年10月、地方競馬通算2,500勝を達成。2006年より川崎競馬場騎手会会長を務める。

寄付を始めるきっかけ

―今野さんは中学卒業まで入所していた児童養護施設に、十九歳のときから今日まで、毎年50万円の寄付を続けておられます。二十年以上も継続していることが本当に素晴らしいのですが、そもそも寄付を始めるきっかけはなんだったのでしょうか。

今野忠成さん（以下、敬称略）　中学を卒業後、騎手を目指して、川崎競馬の鈴木敏一厩舎に就職しました。二年間の見習い騎手の修業を終えた頃、鈴木先生が「児童養護施設があったから、今のおまえがいるんだ。恩返しをしたらどうか。おまえの気持ちを寄付して来い」と突然、言われて……。それで自分が育った「聖園《みその》子供の家」へ行き、50万円の寄付金を渡したんです。これくらいのまとまった金額だとかっこいいなと、自分なりに思ったんですね。そして「寄付してきました」と鈴木先生に報告したら、先生が「それを十年続けろ。続けられたらほめてやる」と。まだ僕も十代でしたから、「わー、この人、頭がおかしい！」と思いました（笑）。

——鈴木先生はなぜ、そんなことを言い出したのでしょうか。

今野　競馬騎手の世界は厳しい世界です。それで、何かのときに帰れる居場所（僕を育ててくれた児童養護施設）があった方がいいという理由が一つ。もう一つは、競馬騎手は誘惑も多いので、派手にお金を使って道に外れないようにとの親心で寄付を続けさせたということみたいです。でも最初の五年間は辛かったです。このお金があればキャバクラに行って、お姉ちゃんたちとデートできるのにと思っていました（笑）。でも六年、七年と続けていくと、子どもたちが「馬のおにいちゃん」と言って、寄ってきてくれたりして。少しは子どもたちの役に立っているのかなと思うようになりました。

——今野さんにとって、鈴木先生は特別な存在なのですね。

今野　そうですね。騎手としての教育については、本当に厳しかったです。いろいろな物を投げつけられました。最初はライターが飛んできて、その次にタバコが飛んできて、最後には灰皿が飛んでくる。それでもついていったのは、きちんと筋が通っているんですね。

例えば僕がレースに出て上手くいかなかったら、次は違うジョッキーを乗せるというのが普通です。でも先生はオーナーさんに頭を下げて、「もう一度、うちの坊主にチャンスをください」と言ってくれる。すると僕も同じ失敗をしないように頑張って、次のレースでは勝つことができたりするんですね。先生は、うちの所属の騎手として預かったのだから、ちゃんと育てなければいけないという気持ちが強くて、厳しかったのかもしれません。今、振り返っても本当に嬉しいし、ありがたいです。人としての生き方の勉強をさせてくれました。感謝しかないです。

施設の子どもたちに、少しでも夢を与えたい

―今野さんは、どういういきさつで児童養護施設に入られたのでしょうか。

今野　僕は五人姉弟の末っ子で、幼い頃に母が突然蒸発し、それから父も家に寄りつかなくなって育児放棄が常態化。その後、家から消えてしまい、家には大人がいなくなってしまいました。それで、高校生の姉（長女）がバイトしながら年下の姉弟を養ってくれて……。でも、このままでは生活ができなくなるので、姉が児童相談所へ相談して「聖園子供の家」に入所することになりました。施設に入所したら、一日3食、食べられるので、それにはびっくりしました。

――施設ではどんな暮らしでしたか。

今野 大きな施設で子どもも多く、先輩も怖かったし、中学生くらいになるとケンカもありました。でも年功序列のような感じで元気にやっていました。引きこもったり、自分のことを傷つけるような子どもは、知っている中ではいなかったです。

――最近は様々な事情を抱え、虐待で入所する子どもも増えていますね。施設の雰囲気は変わってきていますか。

今野 随分と変わりました。今の子どもたちは、貧困で、子どもが食べられないという僕のような事例は少ないですね。9割の子どもが虐待を受けていて、半数くらいは栄養失調です。親がわざと食べさせないそうです。おなかいっぱいご飯を食べさせると、泣いたり、言い返したりするから、食事の量を減らして元気をなくさせる。反抗できないから子育てが楽なんだそうです。

――親自身が病んでいますね。ある児童養護施設を訪問したときに、私の顔を見るなり、子どもたちは、怖い大人が来て叩かれると思ったらしくパーッと逃げてしまいました。大部屋にマジックミラーを設置して子どもの様子が観察できるようにしたり、常時、カウンセリングの先生に来てもらっている施設もあるそうです。

今野　そういう時代になってしまったんですね。僕らの頃とは施設の雰囲気が全然違うという印象です。でも、僕もこうして毎年寄付を続けられるのは幸せですし、僕が育った場所で同じように暮らしている子どもたちに、少しでも夢を与えられたらいいなと思います。

寄付を続けることで、騎手としても頑張れる

―今野さんのご両親はどうされていますか。

今野　若い頃は、騎手として頑張っている姿を母に見て欲しいと思っていましたが、今は母を探すという気持ちはないです。もう違う生活をしているでしょうから。僕も結婚して子どももいますし、母には「産んでくれて、ありがとう」と感謝しています。

父は東日本大震災の年に他界し、震災当日の三月十一日に、育ての親の鈴木先生が胃癌で亡くなりました。家が近いこともあって、今も月命日にはご自宅に行って、お線香を上げています。

―寄付を続けている今野さんのことを、鈴木先生はどう見ておられましたか。

今野　最初の約束通り、十年間寄付を続けたとき、先生が僕のことをほめてくれました。それがすごく嬉しかったです。レースで勝ってもほめてくれない先生が、寄付でほめてくれたんです。

—50万円という寄付金額も大きいですし、それを二十年以上続けるということも大変ですね。

今野　そうですね。騎手という仕事は定年はないのですが、体力とモチベーションを維持するのが大変です。やはり落馬でのケガが怖いです。大ケガで二週間も昏睡状態になったこともあります。六年前にも落馬して、背中を馬に踏まれてあばら骨を3本脱臼し、12カ所を骨折。脱臼したあばら骨が肺に刺さって、搬送中の救急車内で血圧が30を切りました。病院に着いたら麻酔をする時間もなく、すぐに太い注射を胸に刺されて体内に溜まった血液を吸い出しました。そのまま一カ月入院、リハビリに二カ月もかかりました。

去年も落馬で骨折しました。そのときは両足の甲を骨折して、足がぱんぱんに腫れてしまいました。落馬から救急車に乗るまでの記憶が消えていて、脳のＭＲＩとＣＴを撮ったら、外傷性のくも膜下出血でした。幸いにも、外傷性の場合は脳が血液を吸収してくれ、特に手術などをせずに治りました。

—まさに体を張った仕事で稼いだ、大切なお金を寄付しているのですね。

今野　毎年十二月にお金を施設へ届けるのですが、十二月が来るとひやひやします。寄付をするためにも勝たなくちゃと思う。きっと、それが自分の支えになっているし、騎手としても頑張れるのだと思います。

どれだけ子どもたちの役に立っているかはわかりませんが、今後も50万円という金額を下げず寄付を続けようと思っています。ここで金額の妥協をすると、勝負に勝てなくなるかもしれませんから（笑）。やはり騎手にとって、勝利するのが何よりの薬です。馬の力をすべて出し切れて、あー、よかったとホッとした気持ちになります。

――ぜひ、いつまでも現役で走り続けてください！

本日はありがとうございました。

子どもへの“ありがとう”の回数を寄付する

中里　圭一 氏

(Profile)
なかざと・けいいち
1975年神奈川県生まれ。
企業のCSR担当として、様々なNPOの活動に触れ、ボランティアや寄付経験が豊富。2011年、第14回まちかどのフィランソロピスト賞「特別賞」を受賞。妻・ゆかりさん、長女・れいちゃんと三人暮らし。神奈川県在住。

娘への〝ありがとう〟の回数を毎日メモし、「感謝の言葉×20円／回」で貯めたお金を寄付

—中里圭一さん、ゆかりさんご夫婦の長女れいちゃんは、東日本大震災が起きた二〇一一年に第14回まちかどのフィランソロピスト賞「特別賞」を受賞されました。れいちゃんは当時二歳。周囲かられいちゃんに向かって言われる「ありがとう」の言葉×20円（1回あたり）を、中里さんご夫妻が「NPO法人世界の子どもにワクチンを日本委員会」に寄付し、途上国の子どもたちのワクチン接種に使われました。受賞当時約10万円の寄付金額は、ワクチン接種5000回分に相当します。寄付活動のきっかけは何だったのですか。

中里圭一さん（以下、敬称略）　私は勤務先でCS

Rを担当していて、会社としての社会貢献活動と、社員主導で行っている社会貢献活動の両方の事務局を担当しています。その中で「世界の子どもにワクチンを日本委員会」と知り合い、実際にワクチン接種の現場を見ませんかと誘われて、二〇〇九年にミャンマーへ出かけました。当時、ミャンマーは前年の巨大サイクロンの被害が大きく、災害の現場でポリオワクチン接種会にも参加しました。そこで目にした生後まもない子どもや、災害を生き残った多くの子どもたちの姿が強く印象に残り、何か支援できないかと思っていました。

――「ありがとう」の回数で寄付をするというスタイルは非常に個性的ですね。

中里圭一　当時、「世界の子どもにワクチンを日本委員会」が募金のための自分ルールについて、エッセイコンテストを実施していました。ちょうどその頃に妻が妊娠中だったので、「生まれた子どもがまわりの人に何かでお礼を言われたら、ワクチン接種のための募金をしよう」と考えついたのです。それで、「お礼」という言葉と結びつけて、娘の名前も「れい」に決めました。

――「お礼」ということに対しての、強い思いがあるのですね。

中里圭一　私がボランティアや寄付に関心を持つようになったのは、CSR担当者として社員のボランティアクラブ「端数倶楽部」に関わるようになってからですが、その仕事の繋がりで、二〇〇五年と〇七年の2回、カンボジアに行きました。カンボジアは内戦の影響で学校が極端に不足しているのですね。当時、小学校に行ける子どもはわずか1～2割という状況で、「端数倶楽部」が小学校建設に協力させていただいたのです。そのとき、現地で出会ったカンボジアの親や子どもたちから、クメール語で〝「お礼」の言葉〟を伝えてもらいました。その言葉が私自身にとって大きな力になり、寄付のすばらしさを実感したのです。

―れいちゃんに対する「ありがとう」の数はどうやって数えたのでしょう。

中里圭一　例えば、「ご飯をちゃんと食べた」、「寝付きがいい」など、親が娘にたいして「ありがとう」と思ったら、それをメモに書いておきます。ある程度、数がたまったら寄付をするという形です。

「誰かの役に立っている」寄付の体験を、親から子どもへ伝えたい

―圭一さんが思いついた寄付活動に対して、ゆかりさんはどう思いましたか。日々の育児の中で「ありがとう」を記録するには、ゆかりさんの協力が必要だったのでは？

中里ゆかりさん（以下、敬称略）　ボランティアや寄付に熱心な夫に比べると、私はそれまで何もしていませんでした。でも「ありがとう」を記録するくらいなら、無理なくできるのではと思いました。

――この寄付を続けて、自分自身で変わったことはありますか。

中里圭一　寄付したことで、それが誰かのために役立っていると思うと、自分も嬉しいですし、それが子どもに伝わればいいなと思います。「ありがとう」の寄付も、本来なら親が寄付をすればいいのですが、あえて娘の名前で寄付する形にしたんです。れい自身は意識していないかもしれませんが、将来、パパとママはこんなことをやっていたんだなということを理解してもらって、自分からも何かやろう思ってくれたら……。そのきっかけになればいいなと思います。

中里ゆかり　最近、れいがヘアドネーションをしようと自分から言い出して、1度目は30センチ切って、寄付しました。先週は15センチ切って、2度目の寄付をしたところです。

中里圭一　1度目は、髪の毛がちょっと短くなってしまったので、少し寂しそうな顔をしていたんです。でも2度目は「やったぞ」というような、満足気な表情だったので成長を感じますね。ヘアドネーションは嬉しいことのようです。

―それは素敵ですね！　何かきっかけがあったのでしょうか。

中里ゆかり　白血病などの病気治療が原因で髪の毛がなくなってしまった同年代の子どもたちのために、髪の毛を寄付してかつらを作ってもらう活動があるのを、主人から聞いたのですね。パパが熱心なのを見ていて、自分の気持ちも動くというのがすごいなと思います。

中里圭一　寄付やボランティアに興味のない人は、一歩目がなかなか出ないのです。でも一度、体験すると「やってよかった」と思う人がとても多い。寄付をすることで啓発されることが多いということを、知ってもらえたらいいなと思います。

娘には、「いつも誰かを気にしている」という思いを持って成長して欲しい

―小学校5年生になり、今では新体操に取り組むなど、れいちゃんもすっかり大きくなりました。「ありがとう」を集める寄付活動は、今も続けていますか。

中里圭一　もう娘も大きくなってきたので「ありがとう」は数えていないのですが、「ありがとう」

募金で使っていた貯金箱には週末ごとに、私が５００円玉を入れています。他界した私の父も５００円玉貯金をして、毎年、「24時間テレビ」に寄付していたのですね。私自身はまだ寄付先を決めていませんが、父を見習って、貯金をしているところです。また自分がボランティアで参加している団体に毎月の寄付もしていますし、昨年（二〇一九年）からは娘の名前で「誕生日寄付」も始めました。

―日本フィランソロピー協会が二〇一九年からスタートさせた「誕生日寄付」にご協力いただいているのですね。ありがとうございます。寄付先は「生きるを支える」「育ちを支える」「支える人を支える」という三つのカテゴリーがあります。れいちゃんとどれを選ばれたのでしょう。

中里圭一　去年は私が選んだのですが、今年は自分で選んでもらおうかなと思っています。ホームページにある説明をじっくり読んで決めてください、と伝えています。

―今後、れいちゃんの成長とともに寄付の形も変わっていくかもしれませんね。

中里圭一　そうですね。一足飛びに大きなことをやって欲しいとは思っていないんです。毎日の「ありがとう」をメモしていたのにも繋がるのですが、ちょっとずつの寄付でもいいし、ボランティアをやってもらうのもいいし、それを積み重ねていって欲しい。結果的に、いつも誰かを気にしている、頭のどこかにあるということが、日常の当たり前として過ごしてもらったらいいなと思っています。

─日常の中に、人への思いがしっかりある暮らし。自然体のフィランソロピーですね。素敵なご家族の優しい波動が拡がって欲しいです。れいちゃんの成長も楽しみです。

本日はありがとうございました。

あとがき

本企画を考え始めてから完成まで二年以上かかりました。フィランソロピーをリベラルアーツとして捉えてみたい、という思いを、当協会理事であり、株式会社ほぼ日「ほぼ日の學校長」である河野通和さんにご相談し、面白そうだから出版してみたら、と背中を押していただきスタートしました。そこからの、もたもたしたプロセスで、新たに出会いがあり、その都度、議論しつつ中身を加えながら、完成にこぎつけました。

その間、思いがけずコロナ禍にも突入し、ＶＵＣＡの時代をこれほどまでに具現化したドラマが訪れようとは、予想だにしない事態でした。ただ、結果的にではありますが、共感をベースにして、助け合い、支え合うということがリアリティを持って私たちに迫り来るとともに、次世代に繋ぐべき私たち一人ひとりの生き方や役割を思うとき、議論がさらに深まっていったように思います。

また、三十年間の出会いの中で、想像を超えるでき事にたくさん遭遇し、学びました。人を、物事を、固定観念で見てはいけないことです。認知症のお年寄りに他愛なく寄り添う知的障がいのある少女。大学生を励ます障がいのある青年。裕福だけれど淋しいお年寄りの話し相手になりつつ食事をご馳走になる非行少年。そんな場面に遭遇して、みんな同じ人間、そして、みんな役割がある、と感じます。これを共感というのでしょうか。そうだとすれば、誰しも、よりよく生きる可能性がある。そして、その共感が拡がっていけば、社会も変わるに違いない、と思えます。読者の皆様にも本書をリベラルアーツとして楽しみながら、固定観念から解放されて、多様な視点から共感を探っていただければ幸いです。そして、次世代を担う子どもたちのまっすぐな利他心に触れる度に、人間としての共感の輪が拡がってほしい、という想いが強くなっていきます。

私どもの仕事は脇役であり、縁の下の力持ちになることを自負しています。従って、いつも黒子なのですが、本書出版は、これからも、主役をより輝かせる脇役として、より頼りになる縁の下の力持ちとして、力を尽くすための、自分自身の教科書になったように実感しています。

企画から出版まで、本当に多く方々に協力いただき、助けていただきましたこと、改めて、心より御礼申しあげます。

感謝しつつ、皆様に読んでいただき、何かに共感していただければ、と願いながら、お届けできましたら、この上ない喜びです。

公益社団法人日本フィランソロピー協会
理事長　高橋　陽子

共感革命《きょうかんかくめい》
フィランソロピーは進化《しんか》する

2021年3月31日　初版発行

発　　行　公益社団法人日本フィランソロピー協会
制作・発売　中央公論事業出版

〒101-0051　東京都千代田区神田神保町1-10-1
IVY ビル5階
電話　03-5244-5723　URL http://www.chukoji.co.jp/

印刷・製本／藤原印刷

Printed in Japan

ISBN978-4-89514-526-8 C0036